HONDA GOLD WING

SHOEI
Come Ride with Us
Anniversary Edition

HONDA GOLD WING

Malcolm Birkitt

HEEL

IMPRESSUM

HEEL-Verlag GmbH
Wintermühlenhof
53639 Königswinter
Telefon 0 22 23/92 30-0
Telefax 0 22 23/92 30-26

Für die Originalausgabe:
Erstveröffentlichung: 1995 by Osprey Publishing, vertreten durch Reed Consumer Books Ltd., Michelin House, 81 Fulham Road, London SW3 6RB und Auckland, Melbourne, Singapore and Toronto.

Verantwortlich für den Inhalt:
Malcolm Birkitt

Übersetzung:
Walther Wuttke, Bad Honnef

Umschlaggestaltung:
Olaf Schumacher, Bonn

Satz (Fremddatenübernahme):
Fotosatz Hoffmann, Winterscheid

Druck:
Lorenz Ellwanger, Bayreuth

Für die deutsche Ausgabe:

ISBN 3-89365-536-0

Halber Titel:
Die Treue zur Marke macht vor den Klamotten nicht halt.

Titel:
1991 kam dieses Jubiläumsmodell auf den amerikanischen Markt, um den zehnjährigen Geburtstag der US-Produktion zu feiern. Im Hintergrund – mindestens so beeindruckend wie die Maschine – der Grand Canyon.

Rechts:
Wings kommen meistens in Schwärmen zu den Treffen.

NLOP K491

Einleitung

Honda hat es schon immer viel Vergnügen bereitet, die Motorradszene neu zu gestalten. Natürlich gab es vor der Gold Wing schon Tourer, doch nach der Vorstellung der Maschine 1975 betrachtete man von einem auf den anderen Tag dieses Thema aus einem neuen Blickwinkel. Auf einmal gab es eine Maschine, die es in Sachen Leistung, Verarbeitung und dem Design mit den amerikanischen und europäischen Mitbewerbern der damaligen Zeit aufnehmen konnte.

Es dauerte nicht lange, da war die Gold Wing dank ihrer Fähigkeiten, Menschen nebst Gepäck über lange Distanzen komfortabel transportieren zu können zu einer Art Institution geworden. Vielen Zeitgenossen hat die Maschine ganz neue Horizonte eröffnet – dazu gehören auch jene, die sich bis zum Auftritt der Gold Wing gar nicht mit Motorrädern befaßt hatten.

Im Laufe der Jahre stieg die Beliebtheit der Maschine im gleichen Maße wie sich ihre Kritiker verwirrt fühlten. Die „Wing" wird oftmals als zweirädriges Auto verkannt, und in der Tat hat die letzte Version auch einen Rückwärtsgang. Doch gerade die Amerikaner haben keine Schwierigkeiten, wenn das Motorrad mit Cadillac oder Rolls-Royce verglichen wird. Schließlich ist Komfort eine wichtige Eigenschaft bei langen Touren. Und der spielt bei der „Wing" eine überragende Rolle. Bis also irgendwo eine überlegene Maschine entwikkelt wird, ist die Gold Wing der Standard, nach dem sich die anderen Mitbewerber auf dem Markt richten müssen.

Die Geschichte der Gold Wing ist die Geschichte ständiger Verbesserungen, was mitunter eher unauffällig geschah, dreimal aber eine komplette Neuorientierung notwendig machte. Die Idee zu dieser Maschine ist zwar im Osten geboren worden, hatte aber die Konsumenten im Westen im Auge. Die heutige Gold Wing ist eigentlich eine amerikanische Maschine und wird auch inzwischen in den USA für die überwiegend amerikanische Kundschaft produziert. Was einmal als eine vergleichbar einfache Entwicklung auf den Markt gerollt war, ist nun eine fast schon überentwickelte Maschine, bei der sich Komplexität zu einer Art Tugend entwickelt hat. Die GL 1500 ist in der Tat eine komplexe Ansammlung von allen möglichen elektrischen Möglichkeiten, und jede Addition von weiteren Teilen geschieht auf das Risiko des Besitzers.

Die Gold Wing wird nun schon seit Jahrzehnten gebaut und ist ebenso lange ein Vorbild in den Abteilungen Touringqualitäten, Leistung, Zuverlässigkeit und Komfort. Und wenn die Gesetzgeber mitspielen und die Umweltvorschriften nicht noch weiter verschärfen, wir die Maschine noch einige Jahre von den Bändern rollen.

Dieses Buch ist allen „Wing-Fans" gewidmet. Ich habe viele getroffen, als ich ihre Maschinen fotografierte, und ich würde sie gerne alle noch einmal treffen. Einige Helfer verdienen es aber, hervorgehoben zu werden: Dave Horner vom Gold Wing Owners Club Great Britain, Sean Warwick und John Noble, Fotograf beziehungsweise Redakteur bei „Motor Cycle News", Louise Limb für ihre Illustrationen, Mick Wollett, der mit Archivmaterial aushalf und Fotograf Mac McDiarmid.

Malcolm Birkitt

Inhalt

Ursprünge

Soichiro Honda war ein Mann mit einer Vision. Das von ihm gegründete Unternehmen sollte einmal der weltweit größte Motorradproduzent werden. Der erste Zweitakter mit 50 ccm war freilich nicht gerade eine Maschine, bei der die Welt den Atem anhielt. Nur wenige Menschen wußten damals, was diesem bescheidenen Anfang folgen sollte. Die etablierten Motorradfirmen in Europa und den USA betrachteten die neuen Mitbewerber aus Fernost (noch) nicht als ernsthafte Konkurrenten.

Im Jahre 1948 war die Honda Motor Company gegründet worden, und innerhalb von fünf Jahren begann die Produktion von kleinvolumigen Viertaktern. Ende der fünfziger Jahre war allen Experten klar, daß Honda ein Unternehmen geworden war, mit dem man rechnen mußte. Damals hatte eine 125er sehr gut bei der Tourist Trophy auf der Isle of Man abgeschnitten. Aus den ersten kleinen Schritten wurden größere, als in den sechziger Jahren die monatlichen Verkäufe zum ersten Mal die 100.000er Marke überschritten. Als Bestätigung für den wirtschaftlichen Erfolg siegte Honda auch bei den 125ern und 250ern in der Weltmeisterschaft.

Im Jahre 1968, gerademal 20 Jahre nach der Firmengründung, hatte Honda zehn Millionen Motorräder produziert, und nun mußte der Rest der Welt die Japaner endgültig zur Kenntnis nehmen. Einige Jahre später bekamen die Amerikaner und Kanadier einen ersten Vorgeschmack auf die Superbike-Ära, als der Export des Vierzylinders CB 750 begann. Im Honda-Windschatten setzten sich die anderen japanischen Hersteller wie Suzuki, Yamaha und Kawasaki ebenfalls in Szene.

Einige nutzten den Windschatten, um den Marktführer zu überholen. Kawasaki übertraf zum Beispiel mit der Z1 mit 900 ccm Hondas CB 750. Und sogar BMW ließ sich nicht lumpen und brachte den legendären Boxer auf den gleichen Hubraum.

Um den Ruf seines Unternehmens wiederherzustellen, leitete Soichiro Honda ein ehrgeiziges Projekt ein. Seine Ingenieure sollten die größte, leistungsstärkste und beste Touringmaschine aller Zeiten

Oben rechts:
Die Gold Wing, die nie auf den Markt kam. Nur ein AOK-Modell wurde gebaut. Das Modell wog nur 220 Kilo und hatte einen äußerst angenehmen Sechszylinder. Der war jedoch zu lang und verursachte so eine unangenehme Sitzposition.

Rechts:
Ein Zweikammer-Fallstromvergaser versorgte den Sechszylinder mit Sprit. Der Motor leistete 80 PS bei 6700 Umdrehungen.

bauen, einen veritablen King of the Road. Ziemlich schnell wurde allen Beteiligten klar, daß sich so ein Motorrad nicht entwickeln ließ, zu weit lagen die Kriterien für eine Sport- und Reisemaschine auseinander. Daher wurden zwei Entwicklungslinien verfolgt. Auf der einen Seite die Sportmaschinen, die sich aus dem luftgekühlten Vierzylinder CB 750 ableiteten und 1978 zum unschlagbaren CBX-Sechszylinder führten. Damals wälzte die Konkurrenz die Regelbücher, um herauszufinden, ob diese Maschine nicht verboten werden könnte. Die siebziger Jahre sahen einen ungeheuren Boom, und Honda hatte völlig richtig erkannt, daß sich die USA zum wichtigsten Markt für den neuen Tourer entwickeln würden. Daran hat sich bis heute nichts geändert. Noch immer hat die Gold Wing dort ihre größte Fangemeinde. Vor der Markteinführung untersuchten die Japaner genau die amerikanische Situation und fanden heraus, daß sie es im Prinzip nur mit einem einheimischen Konkurrenten, der Electra Glide von Harley-Davidson zu tun hatten. Die hatte einen uralten luftgekühlten V-Zweizylinder mit 1200 ccm, der aber völlig ausreichte, um lange Distanzen zu überwinden, und ließ dabei die durchaus vorhandenen Defizite der Maschine vergessen.

Honda entschied sich bei seinem Tourer für einen Flachmotor, dessen Nockenwellen über Zahnriemen angetrieben wurden. Das Getriebe war im massiven Kurbelkasten plaziert. Der Antrieb erfolgte über eine Kardanwelle.

Wesentlich besser stand da schon der andere Konkurrent, BMW aus Bayern, da. Der legendäre Boxer wurde zwar, an japanischen Vorstellungen gemessen, in kleinsten Stückzahlen gebaut, bestach dafür durch die hervorragende Verarbeitung. Wie Harley hatten auch die Bayern ein eigentlich einfaches Design im Laufe der Jahre kontinuierlich verbessert. Die Nachteile des Boxers bestanden hauptsächlich in seinen Vibrationen, die den Fahrer und das Motorrad selbst schüttelten, und den Lastwechselreaktionen. Für amerikanische Verhältnisse bot der Boxer auch zu wenig Ladekapazität. Amerikaner schleppen auf Reisen am liebsten den ganzen Haushalt mit herum, und da konnte die BMW gegenüber der Harley nicht mithalten.

Nach der Marktanalyse wußten die Honda-Ingenieure ziemlich genau, worauf es bei dem neuen Tourer ankam. Um möglichst viel Gewicht transportieren zu können, waren ein breites Hinterrad und ein großvolumiger Motor notwendig. Honda entschied sich im Interesse der Geräuschreduzierung für Wasserkühlung. Der Motor wurde als Sechszylinder ausgelegt, um die Leistung möglichst gleichmäßig ans Hinterrad zu bringen.

Im Rahmen dieser Parameter machte sich das junge Entwicklungsteam mit Soichiro Irimajiri an der Spitze 1972 an die Arbeit. Das

Ergebnis ihrer Arbeiten war die Honda AOK, angetrieben von einem Sechszylinder mit 1470 ccm und einem Gewicht von 219 Kilo. Der Motor mit einer obenliegenden Nockenwelle hatte eine Bohrung von 72 mm und einen Hub von 60 mm sowie eine Verdichtung von 8:1 und leistete 80 PS.

Ein Prototyp wurde gebaut, der Teile aus bereits existierenden Modellen übernahm. So erinnerten der Rahmen und die Motorhalterungen an die CB 750, während der Kardanantrieb starke Ähnlichkeiten mit der Lösung aus dem Hause BMW hatte. Der Prototyp bestach mit seiner Leistungsentfaltung und dank des niedrigen Schwerpunktes durch seine Straßenlage. Doch der entscheidende Nachteil bestand in dem durch die Länge des Motors verursachten langen Radstand, der eine vernünftige Sitzposition verhinderte. Die Arbeiten an der AOK wurden eingestellt.

Unbeeindruckt setzte Honda Toshio Nozue als Chef der Entwicklungsmannschaft für das neue Tourenmodell ein, und dieses Mal konnte sich das Ergebnis sehen lassen. Nach einem Jahr intensiver Arbeiten war das Motorrad, mit dem sich das Unternehmen wieder von den Konkurrenten absetzen konnte, fertig.

Erstflug

Im Oktober 1974 schließlich verstummten auf einen Schlag alle Gerüchte um die neue Honda, als die GL 1000 auf der IFMA in Köln vorgestellt wurde. Die Ingenieure hatten sich vom Sechszylinder-Konzept verabschiedet. Der neue Tourer hatte einen Vierzylinder mit einem Hubraum von genau 999 ccm. Jede Bank des wassergekühlten Flachmotors hatte eine riemengetriebene Nockenwelle, es gab vier 32-mm-Vergaser, Fünfganggetriebe, Kardanantrieb und ein Gewicht von 102 Kilo.

Als Rahmen kam eine Doppelrohr-Konstruktion zum Einsatz, die vor allen Dingen in den vorderen und hinteren Bereichen verstärkt worden war. Um den Motor aus- und einzubauen ließ, sich das untere linke Rahmenrohr entfernen.

Die Hinterradaufhängung war in den Kardanantrieb integriert. Die Teleskop-Frontgabel hatte eine hydraulische Dämpfung. Auf den Speichenrädern waren vorne Reifen der Dimension 3,50 × 19 und

Links:
Der Autor mit einer Gold Wing 1975 bei einer Rallye. Die unverkleidete 1000er sah neben den anderen Maschinen einfach überragend aus.

Oben:
Der GL 1000 sah man ihr Gewicht von 295 Kilo nicht an.

hinten 4,50 × 17 montiert. Es gab damals Zeitgenossen, die das neue Modell als ein revolutionäres Motorrad voller neuer Ideen sahen. Doch tatsächlich waren nur wenige Dinge wirklich neu. Scheibenbremsen zum Beispiel waren schon längst allgemein üblich, doch hier waren drei davon an einem Motorrad, und das war in der Tat neu. Die Gold Wing verband damals viele im Laufe der Jahre bei anderen Modellen eingeführte Innovationen in einem Modell.

Für Honda war die „Wing" das „erste Motorrad mit Wasserkühlung", was freilich so nicht stimmte, denn die britische Scott hatte bereits einige Jahrzehnte zuvor einen Motor mit Wasserkühlung. Und andere Maschinen hatten bereits den Tank im Interesse eines niedrigeren Schwerpunktes unter die Tankattrappe verlegt. Unter dem Blech waren bei der GL 1000 alle möglichen elektrischen Gerätschaften untergebracht. Für japanische Maschinen hatte die Gold Wing zweifellos einige Innovationen, doch dies waren bei weitem keine Weltpremieren.

In einem Bereich aber betrat die GL 1000 tatsächlich neuen Boden. Um die Schwingungen der Kurbelwelle auszugleichen, fungierte der Generator quasi als Ausgleichswelle.

Die Zylinderdimensionen der GL 1000 lagen bei 72 mm × 61,4 mm, die Verdichtung betrug 9,2:1. Bei 7500 Um-

Rechts:
Vier Keihin-32-mm-Vergaser versorgten die vier Zylinder der GL 1000.

CHOKE
FUEL
GL1000
HONDA

Links:
Die Tankanzeige war eine Neuheit im Motorradbau, doch zum einen war sie auf der Tankattrappe unglücklich plaziert und verschwand unter dem Tankrucksack, zum anderen war sie äußerst ungenau.

Oben:
Die GL 1000 auf einem Podest, damit alle Beobachter alle Details erkennen können.

drehungen leistete die Maschine 80 PS. Der Radstand lag bei 151 cm, und vollgetankt wog das Modell beachtliche 288 Kilo. Die beiden Zylinderreihen waren leicht versetzt montiert, was aber kaum auffiel. Um den Motor möglichst vibrationsarm laufen zu lassen, bewegte die Kurbelwelle jeweils abwechselnd die beiden vorderen und hinteren Kolben.

Hondas Presse- und PR-Verantwortliche beförderten die GL 1000 etwas vollmundig zum „ultimativen Motorrad". Die Reaktionen der Fachpresse waren durchweg positiv, wobei allerdings eine abweichende Meinung aus Großbritannien auffiel. Bill Haylock, damals Chefredakteur des Magazins „Bike", war ganz und gar nicht von der Gold Wing fasziniert.

Oben und rechts:
Gegenüber dem Prototypen unterschied sich die Serienversion in drei Dingen: ein neuer Kühlerdeckel, ein Warnschild, und die Winker stellten sich nicht automatisch zurück.

„Wann hört ein Motorrad auf, ein Motorrad zu sein? Das ist keine sophistische Debatte – ich mache mir vielmehr große Sorgen, in welche Richtung sich die japanische Industrie entwickelt.

Sicher haben wir Herrn Honda in der Vergangenheit viel zu verdanken. Er und seine Landsleute haben sich vor allen Dingen um die hubraumschwachen Modelle verdient gemacht und erreicht, daß die großen Modelle nicht ständig Öl verlieren. Doch irgendwie habe ich das Gefühl, daß die Japaner mit ihren großen Modellen den Maßstab verloren haben. Sie machen aus Bikern überall akzeptierte Autofahrer auf zwei Rädern.

Nachdem die Gold Wing Wirklichkeit geworden war, überrollte die Honda-PR-Truppe alles wie eine Panzerbrigade und wollte der

Welt erklären, daß hier das fortschrittlichste Motorrad aller Zeiten entstanden war. ‚Der bedeutendste Fortschritt der Motorradindustrie. Das Ultimative...' Starke Worte, selbst für Kenner der Szene. Und jeder tat das, was man von ihm erwartete, erstarrte vor Ehrfurcht und fragte erst gar nicht weiter. Niemand machte sich die Mühe, einmal genau nachzusehen. Weder die Motorkonstruktion noch die Wasserkühlung, Kardanantrieb oder die Tankattrappe und die hintere Scheibenbremsen sind neu. Die Gold Wing mag ja eines der schnellsten, größten und komplexesten Motorräder sein, aber das fortschrittlichste...?

In Wahrheit ist die Gold Wing ein ziemlich konventionelles Motorrad. Bemerkenswert an ihr ist der Kurswechsel, weg von der traditionellen Motorradtechnologie und hin zur Welt des Automobils. Außerdem unterstreicht sie überdeutlich Hondas Bemühen, das Motorrad gesellschaftlich akzeptabel zu machen, auch wenn es dadurch langweiliger wird."

Nach einigen Überlegungen darüber, inwieweit die neue Honda zukünftige Sicherheitsvorschriften erfüllt, machte Haylock sich seine Gedanken über die Einsatzmöglichkeiten der neuen Honda. Plötzlich sah er die Gold Wing als Imageträger für die Marke. Danach lobte er noch die Leistungsentfaltung und die Laufruhe des Motors, doch dann brach der Sturm über Honda erst richtig los.

Haylock bemängelte die aufrechte Sitzposition, die lange und vor allem schnelle Ausfahrten auf der unverkleideten Maschine unmöglich machte. Die Verbrauchsangaben fand er unrealistisch und auch die Tankattrappe kam nicht gut weg. Danach wandte er sich dem Gewicht und der Straßenlage zu.

„Auf der Autobahn hat sie schon ihre Schwächen, doch auf allen anderen Straßen offenbart die Wing noch viel schlimmere Schwächen. Dann zeigt die neue Honda ein Benehmen, das ich bisher noch nicht bei irgendeinem anderen Motorrad erlebt habe. In schellen Kurven untersteuert es, weil das hohe Gewicht und die davon ausge-

Rechts:
Die Zuverlässigkeit und die Geschwindigkeit der GL 1000 wurden bald unter Beweis gestellt: 1976 fuhr Fred Chase eine Gold Wing in 18:25 Stunden von British Columbia (Kanada) nach Mexiko und erreichte dabei einen Durchschnitt von 133 km/h.

HONDA
GL1000
HONDA
METZELER

hende Trägheit dazu führt, daß die Gold Wing geradeaus fahren will. Das Ergebnis sind viel weitere Kurvenradien als der Fahrer sie geplant hat. Bei langsameren Geschwindigkeiten neigt das Motorrad im Gegenteil zum Übersteuern. Es fühlt sich an, als würde das Gewicht das Motorrad auf die Seite werfen.

Doch das größte Problem ist das Gewicht. Es ist für ein konventionelles Chassis einfach zu hoch. Es gibt einfach keine Entschuldigung für ein Gewicht von mehr als 200 Kilo, auch wenn es sich um einen Luxus-Tourer handelt. Das Übergewicht bringt die Leistung auf das Niveau einer guten 750er und läßt den zusätzlichen Viertelliter einfach vergessen. Dennoch muß man aber die schlechte Straßenlage, zusätzliche Spritkosten und den Reifenverbrauch in Kauf nehmen."

Oben:
Diese Gold Wing wurde von der britischen Firma Rickman „verkleidet". Nur 52 Exemplare wurden ausgeliefert.

Rechts:
In den siebziger Jahren standen verchromte Schutzbleche und Speichenräder noch hoch im Kurs bei den Kunden.

ONDA
METZELER

Der Bericht veranlaßte Honda zunächst, „Bike" alle Anzeigen und Testmaschinen zu entziehen. Haylocks sehr subjektiver Bericht hat Honda vielleicht deshalb so verärgert, weil man erstens mit einem viel positiveren Echo gerechnet hatte und Haylock in der Tat einige Schwächen der Maschinen schonungslos offengelegt hatte.

Es gab aber auch Kollegen, die mit der Gold Wing wesentlich freundlicher umgingen. In den USA meinte das Magazin „Cycle", die neue Honda sei „ein angenehmer und komfortabler Tourer." Innerhalb von 12,92 Sekunden wurde die Viertelmeile bewältigt und die Höchstgeschwindigkeit lag bei knapp 170 km/h. Diese Werte, für 1975 durchaus beachtlich, führten bei den Amerikanern bald zu einer neuen Meinung.

Fragen der Straßenlage, in Europa mit seinen kurvenreichen Straßen von überragender Bedeutung, spielen bei amerikanischen Kunden, die sich zumeist auf den langen und geraden Highways bewegen, längst nicht die wichtigste Rolle. „Cycle" stellte fest, daß sich die Gold Wing nicht übermäßig gut über die Autobahnkreuze in Los Angeles fahren ließ und bemängelte die verkrampfte Fahrerposition für großgewachsene Piloten. Doch das waren auch schon die einzigen Kritik-

Oben:
Unter der Tankattrappe befanden sich der Benzineinfüllstutzen und ein Werkzeugkasten.

Oben rechts:
Auf der rechten Seite der Attrappe fand der Wassertank für den Kühler und ein Kickstarter für den Notfall Platz.

Rechts:
Die linke Seite wurde von allen möglich elektrischen Komponenten beherrscht.

10A HEAD
5A TAIL METERLAMP
5A PARKING
5A OIL TEMP NEUTRAL FUEL
15A HORN STOP TURN

JRK 643N
HONDA
GOLDWING
GL1000
HONDA

punkte. Die GL 1000 war für die amerikanischen Tester ein hervorragendes Motorrad mit ausgezeichneter Zuverlässigkeit, mit dem man höchstens zum Tanken anhalten mußte.

Dennoch erfüllte die Gold Wing in ihrem ersten Jahr nicht annähernd die Erwartungen ihrer Schöpfer. 60 000 Exemplare sollten auf die Straße rollen, Ende 1975 waren es gerade 5000, wovon 80 Prozent in den USA verkauft worden waren. Der wirtschaftliche Mißerfolg lag jedoch nicht an den Qualitäten des Modells, sondern vielmehr an den Marketingverantwortlichen, die es nicht schafften, ein neues Modell in einem neuen Marktsegment zu plazieren und einer neuen Kundschaft zu verkaufen.

Das hohe Gewicht mag den einen oder anderen Interessenten abgeschreckt haben, doch wenn sich die Maschine erst einmal

Oben:
In den Jahren 1976 und '77 wurde das Modell nur wenig verändert.

Links:
Die drei Scheibenbremsen boten einen beeindruckenden Anblick, vermittelten dem Fahrer aber nur wenig Gefühl. Um gute Bremsleistungen zu bekommen, mußte man kräftig zupacken.

Trotz ihres unbequem harten Sitzes war die Gold Wing bei Polizeitruppen beliebt.

bewegte, machte sie keine Schwierigkeiten. Dank des niedrigen Schwerpunkts bot die GL 1000 genau die Stabilität, die Tourenfahrer erwarteten.

Die GL 1000 bot außerdem gute Geradeauslaufeigenschaften und hatte genügend Leistung, um 160 km/h und mehr zu laufen. Über die Leistungsfähigkeit konnte man sich nicht beklagen. Die „Wing“ eignete sich aber auch zum Bummeln mit 30 km/h. Bei 100 km/h brachte es der Motor auf gerade 4000 Umdrehungen.

Bei Kurvenfahrten verlangte die erste Gold Wing nach einer festen Hand, ließ aber den Fahrer nie glauben, er säße auf einer Sportmaschine. Die einheimische Konkurrenz aus dem Hause Harley-Davidson wurde von der Gold Wing regelrecht beschämt. Im

Die GL 1000 war das erste japanische Motorrad mit drei Scheibenbremsen.

Gegensatz zur amerikanischen Maschine war der Motor der Honda dicht, und die „Wing“ verlangte nicht ständige Einstellungsarbeiten.

Dennoch hatte die Gold Wing einen zusätzlichen Kickstarter, dessen Pedal in der Werkzeugbox versteckt war. Freilich fragten sich viele Beobachter nach der Berechtigung dieser Maßnahme, und auch nur wenige Kunden benötigten diesen „Rettungsanker“.

Im Verbrauch lag die „Wing“ um sechs Liter, wenn man sich beim Gasgeben zurückhielt. War dies nicht der Fall, waren auch Werte um zehn Liter möglich. Der kleine 16-Liter-Tank schränkte die Reichweite (des Tourers!) ganz entscheidend ein.

Die meisten Kunden verziehen der Gold Wing ihre Schwächen. Bald entwickelte sich eine florierende Zuliefererindustrie, die alles nur Erdenkliche lieferte. Dazu gehörten ein bequemer Sattel ebenso wie Chromstangen. Eine Verkleidung für die Gold Wing gab es im ersten Verkaufsjahr nur in den USA von Honda und auch bald von anderen Zulieferern, was die Touringeigenschaften der Maschine ganz entscheidend verbesserte.

Abnehmbare Koffer ermöglichten den Touringfreunden zusätzlichen Stauraum. Stoßdämpfer von S&W ersetzten oftmals die serienmäßigen Dämpfer. Von ihnen versprach man sich eine verbesserte Straßenlage.

In den ersten Jahren erlebte die Gold Wing nur einige kleine kosmetische Verbesserungen. Im Jahre 1976 bekam die Kardanwelle einen Schmiernippel. Einige Kunden der 750er Maschinen hatten gedacht, die Welle brauche keine Pflege und einige wenige Ausfälle waren die Folge. Im Jahre 1977 gab es einen komfortableren Sitz und neue Lager im Lenkkopf. Im Magazin „Motorcyclist Illustrated" schrieb damals Peter Rae:

„Diese sanfte Art der Kraftentfaltung hat meine Testfahrt in eine der angenehmsten Reisen verwandelt. Der fast vollständig fehlende Motorenlärm bei 80 km/h, der gut gedämpfte Auspuff, der beim Start ein höchst angenehmes Grummeln von sich gibt, nur vom Wind begleitet, machen vielleicht verständlich, warum ich einfach nur weiterfahren wollte."

Mit dem K3-Modell verschwanden 1978 die Speichenräder, und ein neuer Sitz feierte sein Debüt. In der Tankattrappe saßen nun drei Instrumente: Benzinanzeiger, Thermometer und Voltmeter. Viel wichtiger waren jedoch die herbeigesehnten Veränderungen im Motor.

Neben den kleineren Keihin-Vergasern (31 mm) wurden das Ventilspiel und die Zündung modifiziert, so daß die Leistungskurve nun etwas flacher ausfiel. Dadurch ging zwar die Leistung auf 78 PS zurück, aber das maximale Drehmoment lag bereits 1000 Umdrehungen früher, bei 5500 Touren an.

Die Getriebeabstimmung blieb zwar unverändert, doch die Fahrer merkten bald, daß die K3 bessere Überholeigenschaften hatte und bei Bergauffahrten nicht so häufig wie bisher zurückgeschaltet werden mußte. Daß die Höchstgeschwindigkeit nun etwas niedriger lag und die Viertelmeile in 13,4 Sekunden durchmessen wurde, nahmen die Kunden gerne in Kauf.

Alter schützt vor Gold Wing nicht: Der 80jährige Tommy Potter (rechts) besitzt gleich zwei Wings. Eine steht in Mallorca, die andere in England, wo er bei vielen Treffen gerngesehener Gast ist.

Die Vorstellung der Gold Wing in Europa brachte überwiegend positive Berichte in der Presse.

Die Schwäche, über die sich die „Winger“ am meisten beklagten, war die Federung. Das hohe Gewicht verlangte nach einer strammen Federung und Dämpfung, was auf glatten Straßen noch einigermaßen funktionierte, auf schlechtem Untergrund aber nur schwer zu ertragen war. Zusätzliche Ausstattungen machten die Dinge nicht leichter und auch nachträglich eingebaute Systeme brachten keine Besserung.

In den späten siebziger Jahren machten sich die Umweltgesetze auch im Reich der Gold Wing bemerkbar, und die K3 veränderte sich zu einem Kaltblut, das sich nur schwer nach dem Kaltstart erwärmen ließ und auf den ersten Kilometern erbarmungslos bockig war. Die anderen Unternehmen waren nicht faul gewesen, und die neue Yamaha XS 1100 war der drei Jahre alten „Wing“ deutlich überlegen.

Auch andere Modelle waren an der Gold Wing vorbeigezogen. Bei einem Test des amerikanischen Magazins „Motorcyclist“ belegte die GL 1000 den letzten Platz unter anderem wegen ihres schlechten

HONDA
GOLDWING
GL1000
METZELER
MICHELIN

Links:
Im Jahre 1975 galt die GL 1000 als schweres Motorrad. Heute ist die GL 1500 um 25 Prozent schwerer.

Oben:
Die GL 1000 wurde 1978 gründlich überarbeitet. Die Änderungen bezogen sich auf den Motor, neue Räder und die hintere Aufhängung, was aber keine spürbare Verbesserung des Fahrverhaltens brachte.

Komforts, Übergewichts, schlechter Straßenlage und des unausgeglichenen Leistungsbandes.

Obwohl Honda von anderen Unternehmen überholt worden war, verkaufte sich die GL 1000 sehr gut in den USA. Seit ihrer Vorstellung sind fast eine Viertelmillion Exemplare verkauft worden. Offensichtlich bilden sich Motorradfahrer ihre Meinung lieber selbst und verlassen sich nicht alleine auf die Meinungen von Journalisten. Ihnen geht es vor allen Dingen darum, wie sich die Maschine unter ihrem Hintern auf der Autobahn anfühlt. Dennoch gab es keinen Zweifel daran, daß Honda sich um seinen Tourer kümmern mußte.

Oben:
Die GL 1000 KZ hatte verchromte Auspuffrohre. Die Instrumente saßen nun in einer Konsole auf der Tankattrappe, wo sie oft von der Tanktasche verdeckt wurden.

Rechts:
Dad und Junior in Daytona Beach auf einer GL 1000 K3.

BATES

Oben:
Diese individuell gestaltete GL 1000 aus dem Jahre 1977 zeigt, wieviel Geld und Zeit die Besitzer in ihre Maschinen investieren.

Rechts:
Ausfahrt des britischen Gold Wing Owners Clubs in Yorkshire.

HONDA

Erweiterte Spannweite

Obwohl die erste „Wing“ ein großartiges Bike gewesen war, waren einige ihrer Schwächen in der zweiten Hälfte der siebziger Jahre offensichtlich geworden. Die GL 1000 war in kaltem Zustand widerspenstig, hatte nicht unbedingt zufriedenstellende Leistungscharakteristika, schlechte Federung und bescheidene Ladekapazitäten. Die Konkurrenten waren besser.

Daher war es keine Überraschung, daß Honda im Jahre 1980 eine entscheidend verbesserte Version der Gold Wing auf den Markt rollte. Natürlich waren die äußere Erscheinung und die technischen Grundzüge beibehalten worden, also ein wassergekühlter Vierzylinder mit Kardanantrieb. An den Eigenschaften, die eine knappe Viertelmillion Käufern angezogen hatte, wollte Honda nichts ändern – höchstens ein bißchen. Also wurde der Hubraum um 86 auf 1085 ccm angehoben und damit auch eine neue Marketingoffensive eingeläutet.

Diese Veränderungen waren nicht überraschend – dafür erstaunte der Produktionsort der neuen Gold Wing. Sozusagen im Vorgarten von Harley-Davidson, in Marysville, Ohio, rollte Hondas Tourer vom Band. Die Fabrik produzierte bereits seit März 1978 Honda-Modelle, und die „Wing“ war der dritte Typ, der dort gebaut wurde. Die Fabrik hatte eine Kapazität von 60 000 Modellen jährlich.

Eine solche Entscheidung hätte einige Jahre zuvor vielleicht noch politische Wellen geschlagen, doch jetzt, Anfang der achtziger Jahre, erregte sich niemand mehr. Außer vielleicht die Manager von Harley-Davidson, die sehen mußten, daß sie auf ihrem eigenen Gebiet von den Japanern übertroffen wurden.

Projektleiter für die überarbeitete Gold Wing war Shuji Tanaka, ein erfahrener Rahmenexperte, der 1979 die Verantwortung übernahm. Der Hubraum wurde durch eine Vergrößerung der Bohrung um drei Millimeter auf 75 mm erreicht. Auch im Inneren des Motors spielten sich Veränderungen ab. Obwohl es nur vereinzelt Probleme gegeben hatte, wurde eine neue solidere Kurbelwelle montiert, das Ventilspiel ein weiteres Mal überarbeitet, und nochmals verkleinerte

Als Reaktion auf die Modelle der Konkurrenz kam 1980 die GL 1100 auf den Markt. Neben dem größeren Motor wurde vor allem der Sitz und die Aufhängung überarbeitet. Auch die vorderen Schutzbleche bekamen eine neue, leicht nostalgische Form.

Keihin-Vergaser (30 mm) übernahmen die Gemischaufbereitung. Damit sollte vor allem das Leistungsband im niedrigen bis mittleren Drehzahlbereich verbessert werden.

In der Abteilung Zündung schmiß Honda die mechanischen Unterbrecherkontakte raus und ersetzte sie durch ein elektronisches System am Ende des Motors. Um die Zündung den Bedürfnissen des Motors besser anzupassen, machte Honda Anleihen bei der Autotechnik und baute ein Vakuumsystem ein. Die komplett neue Kupplung hatte nun um sieben Millimeter vergrößerte Scheiben, und die Getriebewelle wurde ebenfalls verstärkt.

Die Leistung der 1000er Maschine war um gut zehn Prozent gestiegen, was sich vor allem im mittleren Drehzahlbereich bemerk-

bar machte. Die neue Gold Wing brachte die Viertelmeile in 12,5 Sekunden hinter sich und beschleunigte auf eine Höchstgeschwindigkeit von gut 170 km/h. Diese Werte waren zum einen das Ergebnis der angehobenen Leistung aber auch des um sechs Kilo reduzierten Gewichts.

Die neue „Wing“ hatte einen um knapp sieben Zentimeter verlängerten Radstand, was ihr gute Geradeauslaufeigenschaften gab. Die zusätzliche Länge war das Resultat eines verlängerten Rahmens und der in der Länge gewachsenen Frontgabel. Schlauchlose Reifen waren nun Serie und auch die manche Fahrer ängstigenden Schwingbewegungen der Maschine bei hohen Geschwindigkeiten gehörten nun der Vergangenheit an.

Die Gold Wing war für die Zulieferer eine neue Herausforderung, die aber gerne angenommen wurde. Schon bald gab es alle nur erdenklichen Zubehörteile.

Seit dem Debüt der Maschine 1975 hatten die Besitzer ihre Maschinen nachträglich mit einer Verkleidung ausgerüstet. Honda brauchte fünf Jahre, um die verkleidete Intersate einschließlich Topbox auf den Markt zu bringen.

Als Reaktion auf die Kritik an der Federung hatte die neue „Wing“ eine völlig neuartige luftunterstütze Federung vorne und hinten.

Die auf 39 mm Durchmesser gewachsene Frontgabel behielt zusätzlich die traditionellen Schraubenfedern, die einen Federweg von rund 15 Zentimetern ermöglichten. Ein Ventil auf der rechten Seite ermöglichte die Zirkulation der Luft. Zusätzliche Lager verringerten die Reibung in der Gabel.

Honda hielt einen Druck zwischen 14 und 21 psi in der Frontgabel für angemessen, wobei der höhere Wert bei beladenem Zustand gewählt werden sollte. Bei 21 psi konnten Unregelmäßigkeiten in der Straße zwar genau gefühlt werden, aber die Fahrt war dennoch angenehmer als beim alten Federungssystem.

Links:
Nicht weniger als zwölf Schlösser gab es an der Interstate des Jahres 1981. Die verchromten Schutzrohre um den Motor waren eine gute Idee, reichten aber zu weit nach hinten und verursachten immer wieder leichte Verletzungen. Die Instrumente waren nun gegen Spiegelungen geschützt.

Die hinteren Stoßdämpfer erlaubten einen Federweg von etwas mehr als zehn Zentimeter, wobei jede Einheit zur Hälfte mit Öl gefüllt war und auf einen Druck von 28 bis 43 psi eingestellt war. Die beiden hinteren Einheiten waren miteinander verbunden, wobei das Luftventil hinter der rechten Seitenverkleidung saß, was das Ablesen zu einer ziemlich unangenehmen Sache machte. Bei minimalem Druck war das Fahren mit der „Wing" ein reines Vergnügen und auch bei höheren Werten war es noch durchaus komfortabel und mit dem Vorteil von etwas mehr Bodenfreiheit verbunden.

Weiteren Komfort fanden Fahrer und Passagier in den neuen Sitzen. Zwischen Pilot und Beifahrer lag nun eine Schwelle von fünf Zentimetern. Außerdem ließ sich der Sitz auch individuell einstellen. Das war freilich mit etwas Arbeit verbunden.

Nicht alleine die mechanische Seite des Tourers wurde überarbeitet, auch das Design kam in neuem Look daher. Die Änderungen begannen buchstäblich an der Spitze des vorderen Schutzblechs und endeten bei den beiden Rückleuchten. Schwarze Comstar-Räder gehörten ebenso zu den optischen Akzenten wie das verchromte Ventilgehäuse. Die meisten Veränderungen mußte sich aber die Tankattrappe gefallen lassen.

Rechts:
Die am Rahmen befestigte Verkleidung der GL 1100 sorgte dafür, daß der Scheinwerfer auch bei Kurvenfahrten geradeaus gerichtet blieb.

HONDA
HONDA
HONDA

NOLAN
HONDA
HONDA

Oben:
Die Stärke der GL 1100 machte sie zu einem idealen Gespannmotorrad. Diese neugestaltete Frontaufhängung dürfte bei einem Wettbewerb nur wenige Punkte erzielen.

Links:
Eine Interstate GL 1100 (Baujahr 1982) auf Testfahrt in Großbritannien.

HONDA
HONDA

Links:
Die volle Verkleidung der Interstate bot dem Piloten optimalen Schutz.

Oben:
Wenn Geld keine Rolle spielt, läßt sich eine GL 1100 in jede nur denkbare Geschmacksrichtung gestalten.

Oben:
Irgendwo unter all dem Chrom und Lack versteckt sich eine GL 1100 Interstate.

Rechts:
Die Maschine dürfte deutlich mehr als die Serienversion wiegen.

Nächste Seite:
Unterwegs auf dem Highway.

HONDA
HONDA

HONDA

Das ursprüngliche Design der ersten „Wing-Generation" wurde komplett über den Haufen geworfen. Man hielt es nun für zu übertrieben, und außerdem war Honda damit beschäftigt, neue Ladekapazitäten zu entwickeln. Eine zweigeteilte Öffnung mit individuell zugänglichen Klappen war der Ersatz. Die untere Hälfte machte den Tank zugänglich, dessen Inhalt geringfügig vergrößert worden war, was sich positiv auf die Reichweite auswirkte.

Diese Veränderungen machten die GL 1100 zu einem äußerst angenehmen Motorrad. Dabei stachen der stärkere Motor und die verbesserte Federung ganz besonders hervor. Neue, leistungsfähigere Bremsen bedeuteten zudem, daß sich die Maschine sicher stoppen ließ, und sogar die Benzinuhr wurde zuverlässiger.

Im Jahre 1982 kam die GL 1100 Aspencade auf den Markt. Das Topmodell bot allen nur denkbaren Luxus. Dazu gehörte die einstellbare Federung, Stereoradio, Zweiton-Lackierung und einen Kosmetikspiegel in der Klappe des Gepäckabteils.

Im Mai 1980 veranstaltete das Magazin „Cycle World" einen Vergleichstest, bei dem die Gold Wing, die ein Jahr zuvor bei einem ähnlichen Test noch kläglich versagt hatte, als klarer Sieger hervorging. Die „Wing" hatte den ihr zustehenden Platz wieder erobert, und das Modelljahr 1980 sollte noch eine Steigerung bringen.

Seit ihrem Debüt hatten 80 Prozent der Käufer ihre Maschine mit einer Verkleidung ausgerüstet. Davon lebten zahlreiche Zulieferer, die vom Radio über Seitentaschen und Verkleidungen alles Erdenkliche anboten. Dies ließ bei Honda eine Idee heranreifen.

Ende 1980 rollte die GL 1100 Interstate zu den Händlern. Sie war, wenigstens in den Augen des Honda-Marketings, die komplett ausgerüstete Touringmaschine. Dazu gehörten eine vollständige Verkleidung nebst Windschutzscheibe, 36 Liter große Seitenkoffer, ein abnehmbarer Koffer, in dem sich zwei Schutzhelme unterbringen ließen und einen verchromten Motorschutz. Die perfekte Integration und die Farbabstimmung gaben dem Motorrad ein ganz neues Aussehen. Als Option waren Radio, Kassettenrekorder, eine fünf Zentimeter höhere Windschutzscheibe und eine Gegensprechanlage für Fahrer und Passagier lieferbar.

Mit diesen Extras stieg natürlich auch das Gewicht, und die Interstate wog stattliche 46 Kilo mehr als die „nackte" Maschine, was die Zuladung auf 166 Kilo reduzierte. Doch die Kundschaft liebte das Modell und riß Honda die Interstate aus den Händen. Die Japaner dachten damals daran, die „nackte Gold Wing" ganz aus dem Programm zu nehmen, beugten sich aber dem Widerstand der Zulieferer.

Beim Fahren mit der Interstate merkte man kaum die Geschwindigkeit, so geschützt war man durch die Verkleidung. Nur groß gewachsene Fahrer bemerkten den Luftzug über ihrem Helm.

Die Lenkstabilität war dank Hondas Steuergeometrie und Gewichtsverteilung gewährleistet. Zwischen die beiden Federarme der vorderen Gabel war ein Zusatzgewicht von knapp drei Kilo plaziert, um Schwingbewegungen bei hoher Geschwindigkeit zu vermeiden. Bei geringeren Geschwindigkeiten war dennoch große Aufmerksamkeit vonnöten, und an den verdammten Schutzleisten um den Motor stieß man sich immer wieder.

Daneben gab es nur wenige Gründe zum Klagen, wobei der Sitz immer noch kritisiert wurde. 1981 wurde er noch mal überarbeitet und den amerikanischen Hinterteilen angepaßt. Nun ließ er sich

HONDA
GOLDWING
Aspencade
MICHELIN

Oben:
Der Besitzer dieser GL 1100 Aspencade hat mit seiner Maschine mehr als 110 000 Kilometer in zehn Jahren zurückgelegt und dabei nur eine defekte Zylinderkopfdichtung erlebt.

Links:
Ton in Ton: Fahrer und Maschine.

Links:
Die neuen digitalen Instrumente spielten 1983 in der Werbung eine wichtige Rolle.

Oben:
Die Baureihe bestand 1983 aus vier Modellen. Die „nackte" Maschine blieb zwar im Programm, doch die verkleideten Versionen waren wesentlich beliebter. Eine Halbliter-Maschine, die Silver Wing, rundete die Palette nach unten ab.

auch wesentlich einfacher verstellen. Die anderen Änderungen in diesem Jahr betrafen die Druckverhältnisse in der hinteren Federung, sich selbst zurückstellende Blinker, eine neue, kratzsichere Windschutzscheibe und den Wechsel zu Dunlop-Reifen.

Die Politik der kleinen Veränderungen wurde auch 1982 fortgesetzt, als „Wing" und Interstate neue Bremssättel mit zwei Kolben bekam und die Fußrasten für die Passagiere verlegt wurden, um die Vibrationen zu reduzieren. Die Motor-Schutzleisten waren ebenso neu wie die niedrigeren Übersetzungen für die letzten drei Gänge und die breiteren Reifen, die nun auf kleineren Comstar-Rädern saßen (18 Zoll vorne und 16 Zoll hinten). Die neuen Reifen sollten nun länger – bis zu 25 000 Kilometer – durchhalten. Beim verkleideten Modell waren die Seitenkoffer überarbeitet worden. Nun waren sie wasserdicht.

Wirklich neu war 1982 allerdings die GL 1100 Aspencade – eine noch luxuriösere Version der Gold Wing. Mit diesem Modell schlug Honda die Konkurrenz ein für allemal. Ein vollständiger ausgerüstetes Touring-Motorrad war nicht denkbar. Technikfans kamen durch die über Druckknöpfe einstellbare Luftfederung auf ihre Kosten. Die Federung ließ sich allerdings nur im Stillstand einstellen. Das Motorrad hatte belüftete Scheibenbremsen. Das Gewicht war auf 347 Kilo

Oben:
Die amerikanische Version der GL 1100 Interstate hatte bereits geschmiedete Räder und einen verkürzten Motorschutz.

gestiegen und für die Viertelmeile brauchte der Luxus-Tourer nun 13,5 Sekunden.

Das war nun die ultimative Reisemaschine für den ernsthaften Tourenfan. Die serienmäßige Stereoanlage ließ sich mit der Fingerspitze einstellen. Der wieder einmal überarbeitete Sitz hatte nun eine neue Rückenlehne. Der Verbrauch einer vollgeladenen Aspencade hing sehr von den Ambitionen des Piloten ab. Beim mühelosen Gleiten über die Highways flossen um die sechs Liter durch die Vergaser, in den Bergen konnte der Verbrauch aber auch auf acht bis neun Liter steigen. Solofahrer, die sich an die Geschwindigkeitsbegrenzungen hielten, kamen auf fünf Liter. Die Maschine hatte im Durchschnitt eine Reichweite von rund 300 Kilometern.

Nach diesen Aktivitäten meinten die meisten Zeitgenossen, daß sich Honda 1983 mit Veränderungen zurückhalten würde – doch weit gefehlt. Die Modelle des neuen Baujahres kamen mit völlig neuartigen digitalen Anzeigen auf den Markt. Vier Instrumente zeigten Geschwindigkeit, Umdrehungen, Motortemperatur, Tankinhalt, den eingelegten Gang und den Federdruck an.

Dies war der Wirklichkeit gewordene Traum aller Technikfreaks. Man konnte die Elektronik so programmieren, daß sie Auskunft über die zurückgelegten und die noch zu fahrenden Kilometer geben konnte. Es gab sogar – wie bei Autos – eine individuelle Inspektionsanzeige, die den Besitzer zum Öl- und Filterwechsel aufforderte. Dieses digitale Infocenter war Lichtjahre von den alten analogen Doppelinstrumenten entfernt.

Ebenfalls 1983 hatten das einstellbare Antidive und ein überarbeitetes Bremssystem ihr Debüt. Beim Druck auf das Fußpedal traten die hintere und die rechte vordere Scheibe in Aktion. Die linke vordere Scheibe wurde durch den Handhebel am Lenkrad betätigt. Ein Druckventil machte Blockieren der hinteren Bremse unmöglich.

Alle Versionen der Baureihe hatten nun Leichmetallräder mit elf Speichen, ein hinteres Schutzblech, das sich im Interesse einer leichteren Hinterrad-Montage abnehmen ließ, eine neue Schwinge und eine Gabelverkleidung. Der Sitz – eigentlich unnötig zu bemerken – wurde modifiziert und die Gepäckabteile der voll verkleideten Maschinen wurden nach oben verlegt, um den Komfort des Passagiers zu erhöhen.

Die Federung in der Frontgabel wurde steifer eingestellt und die Dämpfung erhöht. Die hinteren Stoßdämpfer wurden ebenfalls steifer eingestellt und arbeiteten nun wieder mehr mit den Schraubenfedern als mit Luft. Diese Maschinen konnten sogar ohne Luft in der Federung bewegt werden. Bei der Aspencade war der kleine Kompressor nun auch dann tätig, wenn der Zündschlüssel auf der „ON-Position“ war. Die Knöpfe für die Luftkontrolle wanderten vom Tank an die Spitze der Gabel.

Höhere Gangübersetzungen führten zwar zu einem niedrigeren Drehzahlniveau und angenehmen Gleiten über die Highways, hatte aber beim Beschleunigen unangenehme Folgen. Und beim Überholen oder bei Bergfahrten mußte immer wieder runtergeschaltet werden. Eigentlich, so hatten die „Winger“ gedacht, sollte dies mit dem Abschied von der alten Tausender ein Ding der Vergangenheit sein.

Gegenüberliegende Seite: „Wingers“ unterwegs in den britischen Midlands. So fühlen sich Mensch und Maschine am wohlsten.

SHOEI

Neue Flügel, alte Kleider

So wie die Wettbewerber Honda in den siebziger Jahren gezwungen hatten, die Gold Wing zu überarbeiten, so waren es auch in den frühen achtziger Jahren die Konkurrenten, die Honda in die Defensive drängten.

Die vollverkleidete und leichtgewichtige R 100 RT von BMW hatte sich selbst eine Nische aufgebaut, und die Reihenvierzylinder-1100er von Suzuki, Kawasaki und Yamaha machten der Gold Wing Marktanteile streitig.

Im Jahre 1983 erschien wieder ein potentieller Konkurrent aus dem Hause Yamaha auf dem Markt. Die XVZ 1200 Venture wurde bald nach ihrem Erscheinen als hervorragendes Angebot in der Touringklasse angesehen. Nun war die dominierende Stellung der Gold Wing endgültig gefährdet. Der V-Motor der Yamaha hatte nicht nur den größeren Hubraum, sondern verfügte auch über mehr Leistung und war in einer sehr gut aussehenden Verpackung untergebracht.

1984 kam und zeigte, daß die anderen Hersteller ebenfalls ihre Hausaufgaben gemacht hatten. Kawasaki präsentierte die Voyager, eine Touringmaschine mit einem 1300 ccm großen Motor – das größte und am aufwendigsten ausgestattete Motorrad der Geschichte. Sogar der schlafende Riese Harley-Davidson schien aufgewacht zu sein. Jedenfalls war der legendäre Twin-Motor überarbeitet worden, und die Tour Glide war nun ein ernsthafter Gegner.

Honda nahm die Herausforderung an. Shuji Tanaka war noch immer für die Entwicklungsabteilung verantwortlich, und Anfang 1984 kündigte das Unternehmen die GL 1200 Gold Wing an. Nicht selten belassen es Unternehmen bei kleineren Korrekturen, wenn sie ein „neues“ Modell vorstellen. Ein paar technische und kosmetische Änderungen machen mitunter die sogenannte Neuheit aus. Doch unter dem Blech und dem Lack ist alles beim alten geblieben.

Nicht so bei Honda. Das Unternehmen ging den harten Weg und stellte ein von Grund auf neu entwickeltes Motorrad vor. Alles war neu: der Motor, der Rahmen, Räder, Verkleidung, Gepäckabteil, Sitz, Federung. Dennoch unterschied sich der Neuling äußerlich kaum

Obwohl die GL 1200, die 1984 auf den Markt kam, eine neue Maschine war, blieb die Optik weitgehend erhalten.

HONDA
HONDA
DUNLOP
DUNLOP

HONDA
1200
GOLDWING

von seinem Vorgänger. Warum? Honda wollte die treuen Kunden nicht verlieren, die genau wußten, was sie an dem Bike hatten.

Wie Yamaha hätte Honda ebenfalls einen damals in der Entwicklung befindlichen V4-Zylinder für die Gold Wing modifizieren können, was für die Baureihe eine reizvolle neue Richtung bedeutet hätte. Doch zuviel stand auf dem Spiel, und nachdem man niemanden entfremden wollte, blieb man beim traditionellen Motordesign. Der Trick war, ein völlig neues Motorrad im konventionellen Look auf die Räder zu stellen.

Auch wenn der Motor äußerlich stark an den Vorgänger erinnerte, so waren von dem nur die Öl- und Benzinpumpe übernommen worden. Der Hub war von 61,4 auf 66 mm gewachsen und die Bohrung auf 75,5 mm angehoben worden. Das ergab einen Hubraum von 1182 ccm.

Oben:
Honda behielt die digitalen Instrumente bei der Aspencade bei. Eine größere Windschutzscheibe sorgte für besseren Schutz.

Links:
Glück ist… mit einer Gold Wing am Strand entlang zu fahren.

Vier 32-mm-Keihin-CV-Vergaser übernahmen über 36 mm große Einlaßventile die Gemischaufbereitung. Die Weiterverarbeitung fand in einem modifizierten Brennraum in einem neuartigen Zylinderkopf statt. Neue Ventilsteuerung und eine computerunterstützte Zündung ließen die Leistung auf 94 PS bei 7000 Umdrehungen ansteigen. Das maximale Drehmoment lag bereits bei 5000 Umdrehungen an.

Die Antriebseinheit war in einem ebenfalls völlig neuen Chassis montiert. Kleinere Räder und Reifen (16 Zoll vorne, 15 Zoll hinten) sorgten für einen niedrigeren Schwerpunkt und besseres Lenkverhalten. Die breiteren Reifen machten eine um fünf Millimeter verbreiterte Schwinggabel notwendig. Der Motor war vorne um drei Grad

Oben:
Obwohl Honda bei den anderen Modellen längst die Einarmschwinge eingeführt hatte, behielt man bei der „Wing" die traditionelle Lösung bei.

Rechts:
Bis 1985 bleiben nackte Maschinen im Lieferprogramm. Diese GL 1200 zeigt sehr schön den kleineren Kühler, der mehr Kühlung lieferte und dabei von einem Ventilator unterstützt wurde.

HONDA
1200
MICHELIN
HI-TOUR A67

Oben:
Wie ihre Vorgänger hatte auch die GL 1200 nur eine begrenzte Bodenfreiheit.

Rechts:
Die GL 1200 Aspencade bot ihren Piloten etwas mehr Stauraum im Handschuhfach der Tankattrappe, weil der Kompressor auf die rechte Seite der Verkleidung transplantiert worden war.

AIR PRESSURE CONTROL
FRONT
INCREASE
AIR PRESSURE
REAR
DECREASE
COMPRESSOR AIR OUTLET
CAUTION
HONDA
GOLDWING

HONDA
HONDA
1200

abgesenkt und die ganze Einheit war um sechs Zentimeter nach vorne verlegt worden, um so das Gleichgewicht mehr nach vorne zu verlagern. Ein verbessertes Fahrverhalten wurde auch durch eine niedrigere Position des Lenkkopfes und eine neue Lenkgeometrie erreicht. Die Schwinge war um fünf Zentimeter verlängert worden, der Radstand wuchs nur unbedeutend um einige Millimeter.

Die Frontgabel war im Interesse einer besseren Straßenlage weiter versteift worden – das TRAC-Antidive wurde aber beibehalten. Andere Modelle im Honda-Reich hatten bereits die hintere Prolink-Aufhängung mit einem Dämpfer, doch die Gold Wing behielt die beiden Federbeine bei, um so den Platz des unter dem Sitz liegenden Tanks nicht weiter einzuengen. Steifer eingestellte Federn und niedrigere Dämpfungsparameter für die hinteren Stoßdämpfer waren ein weiteres Merkmal der neuen Maschine.

Oben:
Die Aspencade GL 1200 aus dem Jahr 1984 hatte Trittbretter für den Passagier.

Links:
Bei den amerikanischen Interstate- und Aspencade-Modellen boten Spiegel zusätzlichen Schutz für die Fahrerhände.

HONDA

Oben:
Um Rückenschmerzen zu begegnen, montierten viele Fahrer eine zusätzliche Rückenstütze.

Links:
Wem der zusätzliche Gepäckraum bei der GL 1200 nicht reichte, für den gab es einen zusätzlichen Gepäckträger.

Während die nackte GL 1200 gut 300 Kilo auf die Waage brachte, lag die Aspencade vollgetankt bei beachtlichen 358 Kilo. Dennoch waren beide Modelle wesentlich lebhafter als ihre Vorgänger. Die denkbaren Vorteile wurden jedoch durch das zusätzliche Gewicht mehr als wettgemacht. Für die Viertelmeile brauchte die GL 1200 trotz der zusätzlichen PS etwas mehr als 13 Sekunden, und in der Endgeschwindigkeit konnte sie die Vorgängermodelle nicht übertreffen.

Das Leben mit der GL 1200 war jedoch angenehmer geworden. Ihre Wartung war durch hydraulische Ventilstößel, die nicht mehr eingestellt werden mußten, vereinfacht worden, und auch die hydraulische Kupplung stellte sich automatisch nach. Ganz in der Gold-

Oben:
Für eine ganz bestimmte Gattung von Motorradreisenden gibt es einfach keine schönere Art der Fortbewegung als auf einer Gold Wing.

Rechts:
Eine zusätzliche Motorverkleidung dient hier als Leinwand.

Wing-Tradition drehte der Pilot nur den Schlüssel und erweckte die Maschine zum Leben. Nachdem Honda begriffen hatte, daß Besitzer der Maschinen gerne noch weitere elektrische Geräte montierten, war die Kapazität der Lichtmaschine um 20 Prozent auf 360 Watt vergrößert worden.

Auch wenn die Verkleidung stark an die GL 1100 erinnerte, so war sie dennoch völlig neu entwickelt worden und zähmte die Elemente äußerst effektiv. Eine größere Windschutzscheibe und Seitenspiegel führten den Luftzug an Kopf und Händen des Fahrers vorbei. Dadurch konnte man etwas intensiver den Geräuschen des Motorrads lauschen – jenem typischen „Wing"-Wimmern, das die Besitzer so schätzen.

Oben:
Was dem einen gefällt, ist ein Alptraum für den anderen Betrachter. Alleine der persönliche Geschmack zählt bei den Malarbeiten.

Rechts:
Adler in allen Varianten sind bei den individuellen Gestaltungsmaßnahmen besonders beliebt.

INTERSTATE
JUL
FLORIDA
92
30404Q

Vereinfachte Instrumente, bei der Aspencade die meisten als LCD-Anzeigen, versetzten den Fahrer in die Lage, schneller die notwendigen Informationen ablesen zu können. Der Drehzahlmesser war nun allerdings digital ausgeführt und hatte keinen roten Bereich mehr. Piloten, die sich der Grenze bei 7500 Umdrehungen näherten, wurden ab 6500 Umdrehungen durch ein rotes Warnlicht gewarnt. Das einzige analoge Instrument war der Tachometer.

Die Zuladung lag nun bei gut 170 Kilo, so daß das Gepäckabteil der GL rund ein Viertel mehr Ladung schluckte als die Vorgängermaschine. Neue Dichtungen machten die Koffer zudem wasserdicht, und natürlich war, wie könnte es anders sein, der Sitz wieder einmal

Oben:
Im Jahre 1985 kam die Special Edition der Aspencade auf den Markt, die neben Benzineinspritzung und einigen anderen technischen Spielereien auch noch einen hohen Preisaufschlag bot.

Rechts:
Ausfahrt des britischen Gold Wing Owners Club. Keine Maschine ähnelt der anderen, was freilich den Reiz der Materie ausmacht.

SHOEI

Links und rechts:
Im Prospekt für das Modelljahr 1986 stellte Honda die technologischen Leistungen des Unternehmens in Sachen Touring heraus.

überarbeitet worden. Er konnte auf drei Positionen eingestellt werden und war äußerst komfortabel geworden. Der Passagier konnte seine Füße auf kleinen Trittbretter abstellen, die, wenn sie nicht gebraucht wurden, hochgestellt werden konnten.

Zu den Zielen des neuen 1200ers gehörte eine Leistungssteigerung – und das wurde auch erreicht. Der neue Motor war außerdem eine äußerst leise und zivilisierte Einheit. Mitunter drehten Piloten am Gasgriff einfach nur, um herauszufinden, ob die Maschine noch lief.

Bei 100 km/h im fünften Gang drehte das wuchtige Aggregat mal gerade 3000 Umdrehungen. Die neuen, kleineren Räder und der abgesenkte Schwerpunkt verstärkten den Eindruck, daß die neue Gold Wing kompakter, kleiner und leichter war als es tatsächlich der Fall war.

Auf der Straße offenbarte die Gold Wing ganz neue Qualitäten. Sie vermittelte mehr Gefühl und strahlte einfach mehr Vertrauen aus. Sie war weder kopflastig wie die Yamaha Venture noch versuchte sie wie die 1300er Kawasaki die Gesetze der Physik außer Kraft zu setzen. Die geringere Bodenfreiheit überzeugte jedoch bald jedermann, nicht wie Kenny Roberts um die Kurven zu fahren.

Was waren nun die Fehler an der neuen Gold Wing? Den meisten Besitzern ging die Tankanzeige ungeheuer auf die Nerven. Sie blieb eine ganze Weile auf „voll" stehen, um sich dann auf „halb" vorzuarbeiten und dort zu verharren. Dann fiel sie wie ein Stein auf „leer", was mangels Reserve zur hektischen Suche nach einer Tankstelle führte. In Wahrheit war aber noch genug Benzin vorhanden. Der Benzinverbrauch schwankte je nach Fahrweise zwischen sechs und acht Litern.

Oben:
Die Benzineinspritzung wurde 1985 bei der GL 1200 Limited Edition eingeführt, konnte aber nicht überzeugen.

Rechts:
Die 1986 präsentierte SE-i war die am besten ausgestattete Gold Wing.

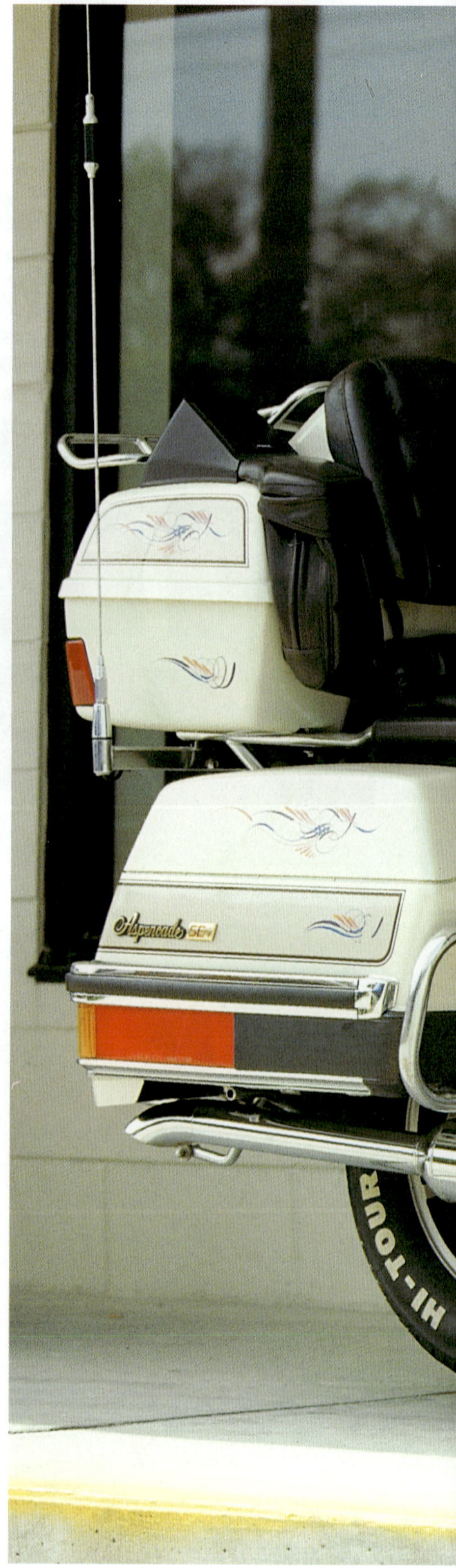

HONDA
GOLD WING
1200
HI-TOUR
MICHELIN

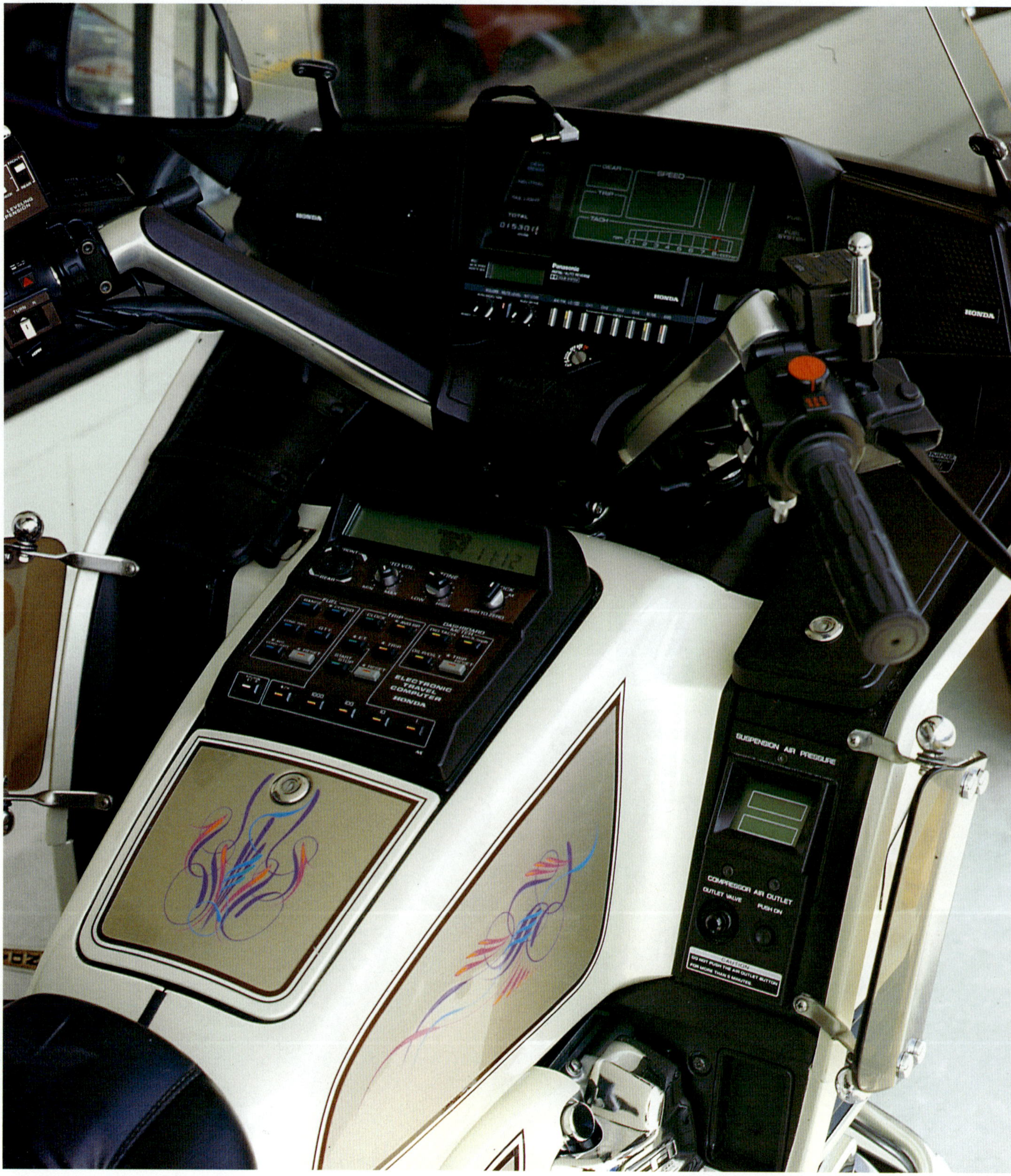
SPEED
TRIP
TACH
TOTAL
Panasonic
HONDA
ELECTRONIC
TRAVEL
COMPUTER
HONDA
DASHBOARD
METER
CLOCK
TRIP
FUEL
PUSH TO ZERO
SUSPENSION AIR PRESSURE
COMPRESSOR AIR OUTLET
OUTLET VALVE
PUSH ON
CAUTION
DO NOT PUSH THE AIR OUTLET BUTTON
FOR MORE THAN 5 MINUTES.

Oben:
Die Blinker waren 1985 und '86 bei den Aspencade-Modellen in die Verkleidung integriert. Der untere Teil versteckte nun den Ölfilter und die Wasserpumpe.

Links:
Ein Fall für Technofreaks: Die Aspencade SE-i hatte elektronisch gesteuerte Geschwindigkeitskontrolle und einen Reisecomputer.

Weitere Mängel? Das Wirrwarr aus Kabeln, das an der linken Seite des Lenkers vorbeiging, paßte nicht zur guten Verarbeitung der Maschine, und außerdem war die Musikanlage an der Aspencade nachts schlecht beleuchtet. Dafür stimmte aber der Sound!

Die Anlage stammte von Panasonic und hatte vermutlich mehr Knöpfe und Anzeigen als ein Autoradio. Acht Sender ließen sich abspeichern, andere per automatischem Suchlauf aufspüren. Der Kassettenspieler war mit Autoreverse ausgestattet, und außerdem gab es eine Gegensprechanlage. Ein Regler paßte die Lautstärke der Geschwindigkeit an, so daß man beim Ampelstopp nicht das ganze Viertel mit Musik unterhielt.

Die kleinen Lautsprecher hatten ihre Probleme mit den Bässen, brachten aber die Höhen gut rüber. Die Anlage konnte bis auf 105 Dezibel aufgedreht werden. Natürlich erwartete niemand HiFi-Qualität, doch das System verfügte über eine gute Stereoleistung. Nur waren die Knöpfe für Hände in Handschuhen etwas klein. Für die Modelle der Interstate-Baureihe gab es die Anlage als kostspieliges Extra.

Das Jahr 1984 erlebte ein neues Kapitel in der Geschichte der Gold Wing. In den USA hatten die Interessenten an einer komplett ausgerüsteten Maschine die Qual der Wahl. Cavalcades, Ventures und Voyagers waren ebenfalls respektable Motorräder, so daß sich Honda etwas Besonderes einfallen lassen mußte.

In der Zwischenzeit hatte Hideaki Nebu die Abteilung Gold Wing übernommen. Honda hatte das „nackte" Modell aus dem Programm gestrichen, ohne dabei viel Protest zu erleben. Am anderen Ende der Modellpalette feierte die GL 1200 Aspencade Limited Edition ihr Debüt. Diese Version hatte Benzineinspritzung, automatische Geschwindigkeitskontrolle, in den unteren Teil der Verkleidung integrierte Blinker, und brachte beachtliche 380 Kilo auf die Waage.

In der Theorie war die Benzineinspritzung eine gute Idee, doch die Praxis sah anders aus. Honda hatte zum ersten Mal seine Hausaufgaben nicht vollständig gemacht. Die Einspritzung war zwar elektronisch gesteuert, und die verschiedenen Meßwerte standen auch im Prospekt, erreichten aber offensichtlich nie die Zündung. Die so ausgerüsteten Bikes zeichneten sich durch einen rauhen Lauf aus, was entweder auf die Benzinqualität oder aber auf den Konflikt zwischen Elektronik und Mechanik zurückgeführt wurde. Die automatische Geschwindigkeitskontrolle bekam bessere Noten – doch die Käufer der Maschine, die gedacht hatten, ein exklusives Stück aus dem Hause Honda erworben zu haben, wurden von ihrem Unternehmen bald echt geschockt.

Im folgenden Jahr rollte ein weiteres Flaggschiff zu den Händlern: die Aspencade SE-i. Das Motorrad hatte alle Zutaten der Limited Edition und darüber hinaus noch Niveauausgleich, ein Radio mit vier Lautsprechern und ein Ventilatorsystem, das ein Vakuum hinter der Verkleidung und möglicherweise dorthin gelangte Abgase bekämpfen sollte. Daneben gab es dann noch als Leckerbissen für die Technikfreaks einen Reisecomputer, der Auskunft gab über den Benzinvorrat, aktuellen und durchschnittlichen Verbrauch, Reichweite, zurückgelegte und noch zu fahrende Strecke.

Die Besitzer der Limited Edition fanden diese Modellpolitik gar nicht lustig. Außerdem bewiesen beide Modelle, daß es nur eine begrenzte Zahl von Kunden gab, die bereit waren, viel Geld für ein paar Extras an einer ansonsten unveränderten Aspencade zu zahlen. Nachdem Honda seine Kundschaft nicht abschrecken wollte, stand nach 1987 wieder die „einfache“ Aspencade an der Spitze der Baureihe.

Das neue Modell profitierte stark von der neuen Positionierung und übernahm auch einige in den beiden Jahren zuvor eingeführte Extras, verzichtete aber auf Gimmicks wie die Benzineinspritzung, und hatte vor allem ein vernünftiges Preisschild. Das Design unterschied sich nur unwesentlich von den Vorgängern. So war die Verkleidung im unteren Teil zum Beispiel neutral gehalten, damit man dort zusätzliche Scheinwerfer montieren konnte. Wie bei der sportlicheren Version Interceptor war nun auch der Ölfilter unter der Verkleidung verschwunden.

Besondere Anstrengungen wurden für das Baujahr 1987 unternommen, um den Kardanantrieb zu überarbeiten. Am Anfang wurden die Kegelräder durch Schneckenräder ersetzt, wobei gleichzeitig die Dämpfung in diesem Bereich modifiziert wurde. Auch die Schaltung und die Reibplatte der Kupplung wurden revidiert.

Diese eigentlich kleinen Veränderungen wirkten wahre Wunder auf die Schaltung, die nun ohne die bis dahin üblichen Geräusche bedient werden konnte. Der gesamte Antrieb arbeitete nun leiser, und sogar der Auspuff war akustisch gezähmt worden.

Laufruhe war eine Sache, Komfort eine andere, und noch immer suchten Besitzer einer Gold Wing nach der optimalen Sitzposition.

Oben:
Die Aspencade SE-i verärgerte bei ihrem Debüt die Kunden, die ein Jahr zuvor eine Special Edition gekauft hatten und nun sahen, wie ihre Exklusivität verlorenging.

Rechts:
Auch nachts verrät die Aspencade SE-i den hinter ihr fahrenden Modellen ihre Identität.

Aspencade
SE-i
HONDA • KAWASAKI
Rider's Club of America
HONDA
IF YOU OWN A HONDA
JOIN THE CLUB
SEE YOUR SALESPERSON FOR DETAILS
DAYTONA FUN MACHINES

Oben:
Dank verlängertem Radstand und angehobener Leistung findet jeder Pilot und Passagier auf der „Wing" genügend Platz vor.

Links:
Auf dem Weg durch die Black Hills nach Sturgis.

Oben:
Die guten Geradeauslaufeigenschaften der GL 1200 geben dem neugierigen Fahrer genügend Möglichkeit, sich die Landschaft ganz genau zu betrachten.

Rechts:
Diese Aspencade aus dem Jahr 1986 ist eine Rarität: An ihr ist nichts verändert worden.

Daher wurde wieder einmal der Sitz überarbeitet. 1987 hatte Honda endlich die Lösung des Problems gefunden. Nicht nur die Form der Sitze für Pilot und Passagier waren neu, auch die Unterlage war modifiziert worden.

Nach einer Produktionszeit von vier Jahren hatte Honda die GL 1200 so weit es ging verfeinert. Mehr war nicht mehr möglich. Den Vierzylinder gab es nun schon seit einem guten Dutzend Jahren, und eigentlich war es an der Zeit, etwas völlig Neues auf den Markt zu bringen. Und genau das hatte Honda vor.

HONDA
1200

Höhenflug

Als ein in der Welt der Automobile und Motorräder führendes Unternehmen weiß Honda genau, daß sich neue Konzepte immer am besten verkaufen. Also beschloß die Firma, das Programm Gold Wing auf eine ganz neue Schiene zu stellen. Bis dahin waren die stärkeren Versionen des Luxus-Tourers immer als Reaktion auf die Konkurrenz entstanden – doch nun ergriff Honda selbst die Initiative.

Beim Aufbruch nach vorne müssen die Verantwortlichen lange nach hinten geblickt haben, denn das neue Motorrad erschien irgendwie vertraut. Der Sechszylinder mit einem Hubraum von 1520 ccm erinnerte stark an den AOK-Prototyp mit 1470 ccm, der 16 Jahre zuvor gebaut worden war. Damals war der Motor als zu lang eingeschätzt und daher auf einen kompakten Vierzylinder zurückgegriffen worden. Doch kurz vor dem Anbruch der neunziger Jahre wollte Honda auf der High-Tech-Route seine führende Rolle unterstreichen.

Hatte die AOK noch 220 Kilo gewogen, so brachte es die neue „Wing" auf beeindruckende 397 Kilo. Damit war man in direkter Nachbarschaft zur Kawasaki Voyager 1300 mit 400 Kilo geraten. Die Länge der Maschine war mit knapp drei Metern ebenfalls beeindrukkend, und der Radstand lag nun bei gut 167 Zentimetern.

An der 1500er waren eigentlich alle Daten beeindruckend, doch in keiner Abteilung war es zu Exzessen gekommen. Die Zylinder hatten eine Bohrung von 71 mm und einen Hub von 64 mm. Der Sprit wurde in zwei 36-mm-CV-Vergaser aufbereitet, und die Verdichtung lag bei 9,8:1. Mit der Zuladung von knapp 180 Kilo kam die GL 1500 auf stolze 577 Kilo. Natürlich waren der Kardanantrieb und die einstellbare Luftfederung übernommen worden – neu war aber der Rückwärtsgang!

Vier Jahre nach dem Debüt der GL 1200 kam die GL 1500 auf den Markt.

Goldwing
GL 1500/6

Viele Zeitgenossen meinten, Honda habe das Spiel überzogen, und die fast völlig verkleidete Maschine lieferte all jenen Munition, die meinten, die „Wing“ sei in Wahrheit ein Auto auf zwei Rädern. Irgendwo lehnte sich wahrscheinlich Bill Haylock mit einem breiten Grinsen in seinem Sessel zurück. Auf der anderen Seite konnte man den Sechszylinder aber auch als logische Fortsetzung der 1975 begonnenen Modellpolitik auffassen.
Doch obwohl die Entwicklung der Gold Wing eine spektakuläre Wende genommen hatte, die traditionellen Werte des Motorrads blieben unverändert. GL-Piloten erwarteten einen rollenden Sessel, der vor allen Dingen Komfort und Schutz vor den Elementen bieten sollte. Geschwindigkeit und Fahrverhalten waren da schon eher

In Deutschland mußte die Gold Wing mit kleinerem Windschutz ausgeliefert werden.

Überraschung, Überraschung. Unter der Haut der GL 1500 sieht es mitunter gar nicht erfreulich aus.

zweitrangige Kaufgründe. Daher verbrachte die Entwicklungsmannschaft auch viel Zeit damit, die Verkleidung und den Sitz zu perfektionieren.

Dank der riesigen Verkleidung, die Wind und Wetter von Fahrer und Beifahrer abhielt, war der Schutz fast vollkommen. Probleme gab es nur bei Regen. Vielleicht regnete es in den Staaten weniger, aber Scheibenwischer hätten die europäischen Kunden bestimmt gerne akzeptiert. Doch dann gab es auch Länder wie Deutschland, wo eine kleinere Windschutzscheibe vorgeschrieben war und das Problem auf diese Weise gelöst wurde.

Mit der GL 1500 kehrte Honda wieder zu den analogen Instrumenten zurück. Zwischen Tacho und Drehzahlmesser befanden sich

eine Uhr und Anzeigen für die Radiofrequenz und gegen Aufpreis für die Druckverhältnisse in der hinteren Federung.

Benzinuhr und Thermometer lagen unterhalb dieser Instrumente und waren umgeben von Warnleuchten für Aufblendlicht, ausgefahrenen Seitenständer, Ölverlust und falsch gewählte Overdrive-Übersetzung. In der Tankattrappe war die Radio-Kassettenanlage, gut geschützt vor Witterung und Langfingern, plaziert.

Schon die GL 1000 war als sanft laufendes Motorrad gefeiert worden, wobei sich dieser Eindruck mit den Nachfolgemodellen GL 1100 und GL 1200 weiter verstärkt hat. Natürlich war der Sechszylinder in der GL 1500 der Höhepunkt. Turbinengleich lieferte er die Leistung aus niedrigsten Drehzahlen bis zum roten Bereich, der bereits bei

Oben:
Nettes Kennzeichen, aber etwas illegal.

Rechts:
Drei Hebel öffnen die verschiedenen Gepäckabteile, die sich aber über ein Schloß verschließen lassen.

GoldWing

Gold Wing

5500 Umdrehungen begann. Die Leistungscharakteristik der Maschine gab ein Gefühl der Sicherheit, und das bei 180 km/h – der Höchstgeschwindigkeit.

Honda hatte in den Jahren zuvor ständig den Computer für die automatische Federungskontrolle verbessert, so daß die neue Gold Wing ein besseres Fahrverhalten hatte, als man es von einem so schweren Geschoß erwarten durfte. Die Maschine fühlte sich einfach sicher an und übertraf damit sogar die kleinere und leichtere GL 1200. Dazu trug auch das Bremssystem bei. Vorne sorgten zwei Scheiben, hinten eine für Verzögerung. Alle waren mit Bremssätteln mit zwei Kolben ausgerüstet.

Der Verbrauch lag zwischen sechs und sieben Litern, was gemessen an Gewicht und Leistung kein schlechter Wert war. Bei Vollgas

Oben:
Eine Aspencade unterwegs in Daytona Beach. Während der Daytona Bike Week treffen schon mal Harleys und Hondas aufeinander.

Links:
Schwarz soll ja eine schlanke Figur machen. Aber das gilt kaum für diese GL 1500…

Oben:
Ursprung und (vorläufiger) Höhepunkt: vorne eine GL 1000 mit Vetter-Verkleidung und dahinter eine GL 1500.

flossen allerdings auch schon einmal um die 14 Liter durch die beiden Vergaser. Als Achillesferse des ansonsten feinen Motorrads stellte sich wieder einmal die Tankuhr heraus, die alles andere als genau arbeitete. Obwohl noch ausreichend Sprit vorhanden, leuchtete häufig eine Warnleuchte auf.

Angst verursachte immer wieder das Gewicht der Maschine. Parkmanöver verloren aber bald dank des Rückwärtsganges ihren Schrecken. Der Gang wurde mit einem Hebel auf der linken Seite des Lenkers eingelegt, aber erst mit einem Druck auf den Starter aktiviert.

Trotz ihres Gewichts ließ sich die Maschine äußerst leicht aufbocken. In ihrem Debütjahr war ich in den USA und bekam eine Vor-

Links:
Eine ruhige Hand ist sein wichtigstes Kapital.

GoldWing
E856
CBU
HONDA
HONDA
GoldWing
GoldWing

führung, wie einfach die Gold Wing abzustellen war. Der Händler, bei dem ich die neue Maschine bewunderte, rief seine junge Tochter, und die Kleine stellte den schweren Bock auf den zentralen Ständer. Irgendwie kam ich mir doof vor, gefragt zu haben.

Ich hatte das Glück, noch nie einen Unfall mit einer Gold Wing erlebt zu haben. Ausrutscher bei hohen Geschwindigkeiten verwandeln die Verkleidung in einen Haufen Plastikschrott, und eine Reparatur kommt extrem teuer. Die meisten Unfälle ereignen sich jedoch bei geringen Geschwindigkeiten oder – besonders peinlich – im Stand, wenn ein Pilot vom Gewicht überrascht wird. Dabei geht, abgesehen vom Ego des Besitzers, wenig zu Bruch.

Während der beiden ersten Jahre hatte die GL 1500 einige Probleme. Dazu gehörten Klagen über den Kardanantrieb, die Leistung der Frontgabel, Bremsen, Geschwindigkeitskontrolle, Windschutzscheibe und die Dichtungen des Gepäckabteils. Einige Kupplungen und Zündungen verweigerten den Dienst, und weit verbreitet waren

Links und oben:
Drei Räder bieten mehr Sicherheit als zwei. In Großbritannien läßt sich die „Wing" in ein Trike umbauen.

ziemlich unangenehme Geräusche beim Schalten, die durch die ansonsten leise laufende Maschine noch stärker auffielen. Außer dem geräuschvollen Schalten wurden alle anderen Mängel im Modelljahr 1990 beseitigt.

In diesem Jahr rollten auch die SE-Modelle (Special Equipment) zu den Kunden. Sie waren noch einmal besser ausgestattet. Zur Ausrüstung gehörten einstellbare Trittbretter, regendichte Verkleidung der Sitze, ein Bremslicht oben am Gepäckabteil, Heizungsventilatoren für die Beine, ein Ventilator für den Fahrer und beleuchtete Schalter im Lenker. Die zusätzliche Ausstattung addierte zwar nur knapp fünf Kilo zum Gewicht des Motorrads, wirkte sich aber wesentlich deutlicher auf der Preisliste aus. Das lag aber zum Teil auch an der neuen Zweiton-Lackierung.

Im Jahre 1991 feierte die Interstate als Basismodell ihr Comeback in der Baureihe. Im Vergleich zur Aspencade hatte die Interstate einen tieferen Sitz, keinen Rückwärtsgang, keine Geschwindigkeitskontrolle oder den Kompressor für die Federung. Dafür wog sie auch rund 20 Kilo weniger als das Topmodell. Die 91er Modelle hatten außerdem ein Jubiläumsemblem im Typenschild. Anlaß war das zehnjährige Produktionsjubiläum in den USA.

Die GL 1500 wird länger als alle Vorgänger gebaut, so daß die Frage ist, was die Zukunft für die Modellfamilie bereit hält. Honda ist berühmt für technischen Fortschritt und hat immer wieder neue Gipfel in der Geschichte des Motorrads erklommen. Wird es also bald einen Achtzylinder mit noch mehr Leistung geben?

Viele Beobachter halten dies für unwahrscheinlich. Die neunziger Jahre stehen ganz im Zeichen von gesetzlichen Beschränkungen, und außerdem hat es den Anschein, als würden sich auch die Kunden gegen zu viel High-tech wenden. Die Gold Wing hat wahrscheinlich ihre Grenzen erreicht, was vor allem für die Leistung und das Gewicht gilt.

Außerdem hat sich das Unternehmen in den vergangenen Jahrzehnten ganz entscheidend geändert. Honda ist nicht mehr alleine auf zwei Rädern im Motorsport unterwegs, sondern war äußerst erfolgreich in der Formel 1 engagiert. Zunächst mit einem eigenen Team (erster Sieg 1965) und dann als Motorenlieferant für Williams und McLaren.

Die Erfolge auf vier Rädern halfen den Honda-Automobilen ganz entscheidend weiter. In den USA belegte der dort gefertigte Accord

Oben:
Gipfeltreffen: Gold Wing unterhalb von Mount Rushmore in der Nähe von Sturgis.

Rechts:
Man muß schon ungewöhnlich groß sein, um über diese Scheibe blicken zu können.

jahrelang den ersten Platz in der Zulassungsstatistik, und heute entfallen nur noch zehn Prozent der Produktionskapazität auf Motorräder, die noch gerade ein Prozent zum jährlichen Gewinn beisteuern.

Als neues Betätigungsfeld engagiert sich Honda vor allem in Entwicklungsländern. Dort, in der Dritten Welt, wo ansonsten alle möglichen Zollbarrieren die Verbreitung von Produkten verhindern, ändert sich sofort die Meinung, wenn Honda von lokalen Produktionsorten spricht. Dort lassen sich dann technisch einfache Modelle vermarkten, die im anspruchsvollen Europa oder Amerika keine Chance hätten.

Im Jahre 1991 starb Soichiro Honda, der noch erleben durfte, wie sich das Bild des Motorrads in der Öffentlichkeit geändert hat. Seine

Zwei verschiedene Welten treffen auf diesem Bild zusammen. Vorne eine Harley-Davidson Electra Glide, dahinter eine GL 1500.

Reminiszenz an die Vergangenheit – eine GL 1000 auf der Tankattrappe einer GL 1500.

Nachfolger werden natürlich fortfahren, Honda eine beherrschende Rolle auf dem Markt der Motorräder zu verschaffen. Doch in welcher Form das geschehen soll, das vermag niemand zu sagen.

Soichiro Honda hat einmal erklärt, daß sein Unternehmen nicht auf die Kräfte des Marktes reagiert: „Wir schaffen Nachfrage“. Die Gold Wing ist dafür ein gutes Beispiel. Für ein solches Modell gab es eigentlich keine Nachfrage – dennoch verkauft es sich! Dennoch weiß niemand, was der Markt und die Politik in Zukunft bringen. Daher sollte man sich einfach an der aktuellen Gold Wing erfreuen. Natürlich hat sie einige Elemente aus der automobilen Welt. Doch wenn Touren damit so angenehm werden, hat das dann noch eine Bedeutung?

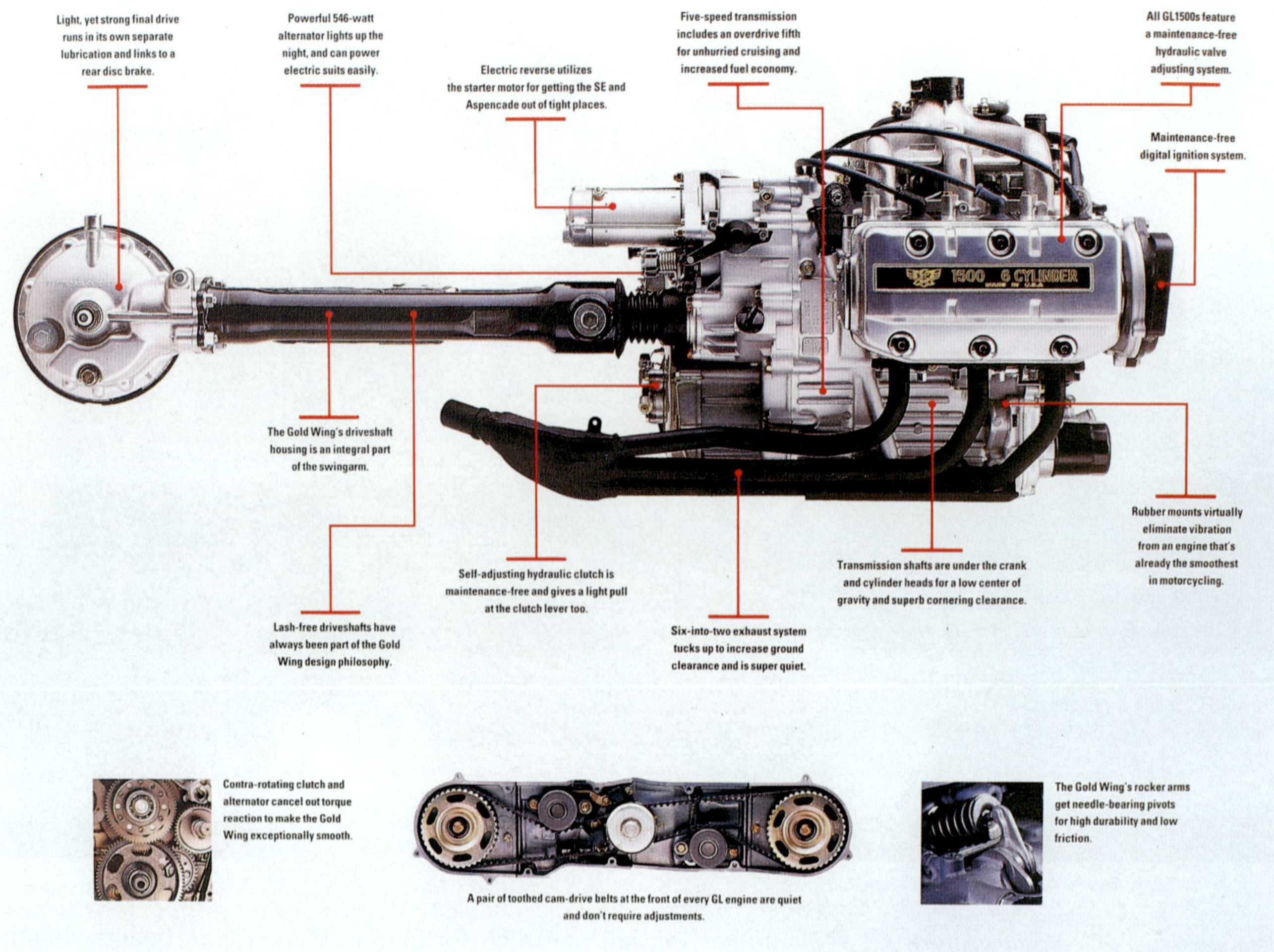

Oben:
Im Prospekt der GL 1500 betonte Honda die Langlebigkeit und die Zuverlässigkeit der neuen Maschine.

Rechts:
Nomen est Omen: Gold, wo immer Platz dafür ist, für die Gold Wing.

HONDA
TEMP
AIR PRESSURE CONTROL
OUTLET
INCREASE
DECREASE
Gold Wing

Oben:
Eine GL 1100 mit Verkleidung und Gepäckabteil von Vetter.

Gegenüberliegende und folgende Seite:
Wenn es um die individuelle Gestaltung geht, gibt es keine Grenzen, wie diese GL 1500 aus Iowa deutlich zeigt.

Gold

GoldWing
WB7231
NOV
93

Gold Wing
WB7231
93
NOV

Bei der Gestaltung dieser Maschine diente ein Gemälde des spanischen Surrealisten Salvador Dalí als Vorbild.

BIKE

Oben:
Diese Aufnahme zeigt, wie die Verkleidung bei der GL 1500 (links) gewachsen ist, ohne daß sie sich optisch zu weit vom Vorgänger entfernt hat.

Links:
Die GL 1500 wog 102 Kilo mehr als die ursprüngliche GL 1000.

Oben:
Der lange Radstand der GL 1500 fällt auf diesem Bild besonders ins Auge.

Links:
Mal was anderes als immer nur Adler!

Oben:
Wie kaum eine andere Maschine eignet sich die Gold Wing zur individuellen Gestaltung.

Links:
Die Geschwindigkeitseinstellung der Gold Wing arbeitet äußerst zuverlässig und kann auch während der Fahrt den Bedingungen entsprechend reguliert werden.

Nächste Seite:
Die GL 1500 bietet dem Fahrer ganz besonders viel Komfort.

GL 1500/6

HONDA

Oben:
Trotz des hohen Gewichts beschleunigt der Sechszylinder die Maschine turbinengleich auf 160 km/h.

Links:
Mit der GL1500 kann man eben um den Block oder um die Welt fahren.

Es gibt immer wieder Fahrer, die dem Rest der Welt zeigen wollen, wieviel Zylinder die Maschine in Schwung bringen.

Die SE-Modelle haben einen einstellbaren Ventilator hinter dem Windschutz, um so den Fahrer abzukühlen und den Komfort zu steigern.

Der bullige Motor läßt auch Schrittfahrten auf dem Strand zu.

CX 1186

HONDA
HONDA

Oben:
Obwohl die 1500er das schwerste Mitglied der Gold-Wing-Familie ist, verfügt sie über gute Kurveneigenschaften.

Oben links:
Wem der serienmäßige Gepäckraum nicht reicht, der muß auf einen Anhänger zurückgreifen.

Links:
Eine frühe Werbeaufnahme der GL 1500 zeigt, wie die Plastikverkleidung die Technik versteckt.

Oben:
Königin der Nacht.

Oben rechts:
Bei der GL 1500 ging Honda wieder zu analogen Instrumenten über.

Rechts:
Seit 1980 wird die Gold Wing in Marysville, Ohio, gebaut.

mph
4:25
x1000min

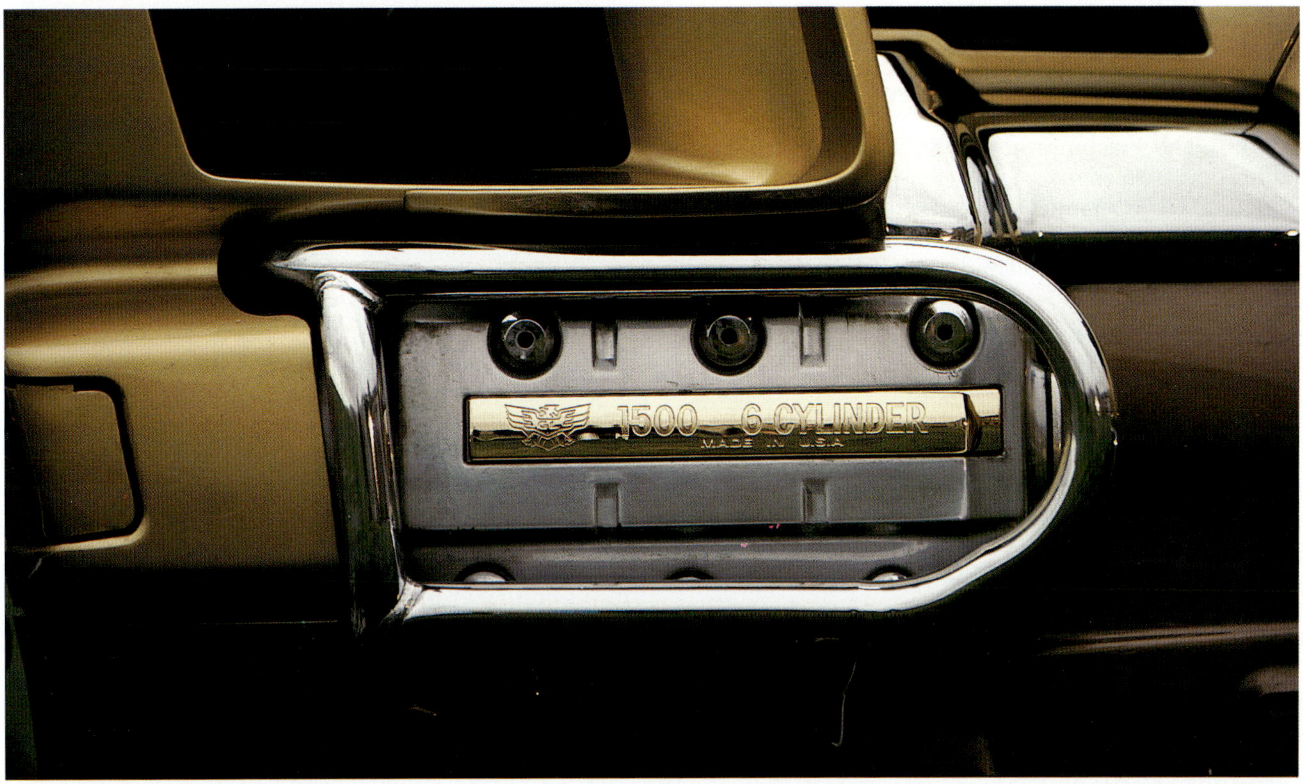
1500 6 CYLINDER
MADE IN U.S.A.

Technische Daten

1975 GL 1000

Motor: OHC-Vierzylinder-Flachmotor, wassergekühlt
Hubraum: 999 ccm
Bohrung/Hub: 72 mm × 61,4 mm
Verdichtung: 9,2:1
Leistung 78 PS bei 8500 Umdrehungen
Vergaser: 4 × 32 mm Keihin
Zündung: Unterbrecherkontakte
Getriebe: Fünfgang
Kraftübertragung: Kardanwelle
Aufhängung: Vorne und hinten Schraubenfedern hydraulisch unterstützt
Bremsen: Vorne zwei Scheiben, Bremssattel mit einem Kolben; hinten eine Scheibe, Bremssattel mit einem Kolben
Reifen: vorne 3,50 × 19; hinten 4,50 × 17
Tankinhalt: 19 Liter
Radstand: 151 cm
Gewicht: 295 Kilo (vollgetankt)

1980 GL 1100 Interstate

Motor: OHC-Flachmotor, wassergekühlt
Hubraum: 1085 ccm
Bohrung/Hub: 75 mm × 61,4 mm
Verdichtung: 9,2:1
Leistung: 81 PS bei 8000 Umdrehungen
Vergaser: 4 × 30 mm Keihin
Zündung: elektronisch
Getriebe: Fünfgang
Kraftübertragung: Kardanwelle
Aufhängung: vorne Schraubenfeder/Luft; hinten Luft/Öl
Bremsen: vorne zwei Scheiben, Bremssattel mit einem Kolben; hinten eine Scheibe, Bremssattel mit einem Kolben
Reifen: vorne 110/90-19; hinten 130/90-17
Tankinhalt: 20 Liter
Radstand: 158 cm
Gewicht: 339 Kilo (vollgetankt)

1984 GL 1200 Aspencade

Motor: OHC-Flachmotor, wassergekühlt
Hubraum: 1182 ccm
Bohrung/Hub: 75,5 mm × 66 mm
Verdichtung: 9:1
Leistung: 94 PS bei 7500 Umdrehungen
Vergaser: 4 × 32 mm Keihin
Zündung: elektronisch
Getriebe: Viergang plus Overdrive
Kraftübertragung: Kardanwelle
Aufhängung: vorne einstellbare Luftfederung mit Antidive; hinten Luft/Hydraulik
Bremsen: vorne zwei Scheiben, Bremssättel mit zwei Kolben; hinten eine Scheibe, Bremssattel hinten mit einem Kolben
Reifen: vorne 130/90-16; hinten 150/90-15
Tankinhalt: 22 Liter
Radstand: 159 cm
Gewicht: 358 Kilo (vollgetankt)

1988 GL 1500

Motor: OHC-Flachmotor, wassergekühlt
Hubraum: 1520 ccm
Bohrung/Hub: 71 mm × 64 mm
Verdichtung 9,8:1
Leistung: 100 PS bei 5500 Umdrehungen
Vergaser: 2 × 36 mm Keihin
Zündung: elektronisch
Getriebe: Viergang plus Overdrive
Kraftübertragung: Kardanwelle
Aufhängung: vorne Schraubenfeder, hydraulisch unterstützt; hinten Luft/Hydraulik
Bremsen: vorne zwei Scheiben Bremssättel mit zwei Kolben; hinten eine Scheibe, Bremssattel mit zwei Kolben
Reifen: vorne 130/70-18; hinten 160/80-16
Tankinhalt: 24 Liter
Radstand: 167 cm
Gewicht: 397 Kilo (vollgetankt)

Starke Motorrad-Seiten!
Motorrad-Magazin MO bietet Ihnen jeden Monat:
Motorräder im Einzel- und Vergleichstest
Technik, Sport, Zubehör
Kompetente Kaufberatung
Szene-Highlights und mitreißende Reportagen vom nationalen und internationalen Rennsport
Motorrad-Magazin MO jeden Monat neu – am Kiosk.
Motorrad-Magazin MO
Straußstaffel 3, 70184 Stuttgart
Extra: GP Deutschland mit
Motorrad-Magaz
MO
E 3436 E

Zwei sind nicht zu schlagen!

Alle 14 Tage im Wechsel
aktuelle Termine!

Alle 14 Tage im Wechsel
Lektüre, die Spaß macht!

Alle 14 Tage im Wechsel
brandneuer Anzeigenteil!

Alle 14 Tage im Wechsel
neueste Informationen
zum Oldiegeschehen!

SCHMÖKERWARE FÜR BIKER

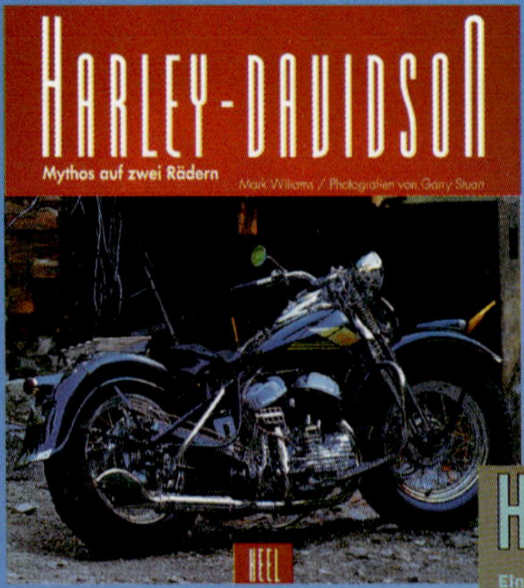

Williams/Stuart (Fotos)
Harley-Davidson
Mythos auf zwei Rädern
144 Seiten, ca. 150 Farbfotos, Format 260 x 280 mm, geb. mit farb. Schutzumschlag
DM 58,–/SFR 59,60/ÖS 423,–
ISBN 3-89365-344-9

Doug Mitchell
Die Harley-Davidson-Chronik
Von 1903 bis heute
ca. 320 Seiten, über 1.000 Farbfotos, Format 240 x 308 mm, gebunden mit farbigem Schutzumschlag
DM 58,–/SFR 59,60/ÖS 423,–
ISBN 3-89365-545-X

Gerald Foster
Harley-Davidson
Eine amerikanische Legende
3. Auflage, 128 Seiten, über 80 Farbabb., Format 235 x 235 mm, geb. mit farb. Schutzumschlag
DM 48,–/SFR 49,40/ÖS 350,–
ISBN 3-89365-387-2

Timothy Remus
Harleymania:
Custom-Kunstwerke
176 Seiten, ca. 180 Farbabbildungen, Format 210x270 mm, gebunden
DM 49,80/SFR 46,30/ÖS 369,–
ISBN 3-929534-11-8

Ulrich Thomson
Das Nürburgring-Fahrerhandbuch
128 Seiten, über 100 Abbildungen, Format 175 x 245 mm, Softback
DM 19,80/SFR 19,80/öS 147,–
ISBN 3-89365-533-6

Thomas Trapp
Ernst Neumann-Neander
und seine Motorräder
144 Seiten, ca. 200 Abbildungen, Format 225 x 270 mm, gebunden mit Schutzumschlag
DM 78,–/SFR 72,50/öS 569,–
ISBN 3-89365-546-8

Heinrich Riedl
Handbuch praktische
Motorrad-Technik
336 Seiten, ca. 180 s/w-Fotos, über 280 Zeichnungen, Format 160 x 232 mm, Softback
Sonderausgabe:
DM 24,80/SFR 24,80/ÖS 181,–
(Preis der Originalausgabe: DM 76,–)
ISBN 3-89365-429-1

HEEL Verlag GmbH
Wintermühlenhof
53639 Königswinter
Bestell-Hotline
Tel.: (0531) 799079
Fax: (0531) 795939